AF141963

Die Broschüre „**Steine gegen das Vergessen – Stolpersteine in Freiberg**" erschien bereits 2011 bei Art.HOUR, Dresden, herausgegeben von der CJD Geschichtswerkstatt Freiberg, gefördert vom Landkreis Mittelsachsen, dem Programm „Toleranz fördern, Kompetenz stärken", der Stiftung der Sparkasse Mittelsachsen, dem Landespräventionsrat Sachsen und dem CJD Sachsen.

Da sämtliche Exemplare vergriffen, das Interesse und die Nachfrage jedoch immer noch hoch sind, hat sich der Freiberger Zeitzeugnis e.V. dazu entschieden, die Broschüre auf eigene Kosten als Softcover-Buch und als E-Book erneut erscheinen zu lassen.

© 2023 Dr. Michael Düsing †
Herausgeber: Freiberger Zeitzeugnis e.V.
Satz & Layout: Heike Liebsch
Coverdesign: Anna Engel Design, Freiberg | www.anna-engel-design.de
Coverfoto: Jonas Benkert

Druck und Distribution im Auftrag des Autors:
tredition GmbH, Heinz-Beusen-Stieg 5, 22926 Ahrensburg, Germany

ISBN: 978-3-384-02616-3

Das Werk, einschließlich seiner Teile, ist urheberrechtlich geschützt. Für die Inhalte ist der Autor verantwortlich. Jede Verwertung ist ohne seine Zustimmung unzulässig.

Michael
in dankbarer Erinnerung
gewidmet

Vorwort zur Neuerscheinung

Liebe Leserinnen und Leser,

mit großer Freude und zugleich mit tiefer Dankbarkeit präsentieren wir Ihnen stolz die Neuerscheinung der Broschüre **„Steine gegen das Vergessen – Stolpersteine in Freiberg"**, ein lang gehegtes Vorhaben unseres Vereins. Diese neue Ausgabe ist uns nicht nur ein wichtiges inhaltliches Anliegen, sondern auch ein Tribut an den 2021 verstorbenen Autor und Forscher Michael Düsing, der sein Herzblut in dieses Projekt gesteckt hat.

Die Stolpersteine in Freiberg sind mehr als nur Gedenksteine im Pflaster unserer Stadt. Sie sind Symbole des Erinnerns, Mahnungen gegen das Vergessen und Ausdruck unserer Verantwortung gegenüber der Geschichte. Diese kleinen Messingplatten erzählen die Geschichten von Menschen, die Opfer des Nationalsozialismus wurden. Sie erinnern uns an das Leid, das in unserer Stadt und überall in Europa während dieser dunklen Periode der Menschheitsgeschichte zugefügt wurde. Gerade die in Freiberg verlegten 24 Stolpersteine und die dahinterstehenden Lebenswege und Schicksale der ehemaligen jüdischen Mitbürgerinnen und Mitbürger während des Nationalsozialismus erlangten große Aufmerksamkeit in der Bevölkerung.

Doch die Stolpersteine sind nicht nur Erinnerungszeichen. Sie sind auch Zeichen der Hoffnung und des Widerstands. Sie erinnern uns daran, dass wir die Verantwortung tragen, uns für eine gerechte und tolerante Gesellschaft einzusetzen. Die neue Ausgabe dieser Broschüre ist daher von großer Bedeutung, denn sie ermöglicht es, die Geschichten hinter den Stolpersteinen weiterhin zu verbreiten, damit sie nicht in Vergessenheit geraten.

Michael Düsing, eine herausragende Persönlichkeit und ein unermüdlicher Regionalhistoriker, verdanken wir nicht nur die Erforschung dieser schicksalhaften Geschichten, sondern auch die Initiative zur Verlegung der Stolpersteine in Freiberg. Sein unermüdlicher Einsatz, diese bewegenden Biografien ans Licht zu bringen und der Welt zugänglich zu machen, hat das Fundament für die heutige Anerkennung und Verbreitung dieser Erinnerungszeichen in Freiberg gelegt. Seine Leidenschaft und sein unerschütterlicher Glaube an das Gedenken haben nicht nur uns inspiriert, sondern auch maßgeblich dazu beigetragen, dass diese Broschüre heute vor Ihnen liegt. Der ehemalige Ehrenvorsitzende des Freiberger Zeitzeugnis e.V. erarbeitete auf der Grundlage dieser Informationen Stadtführungen, die von Vereinsmitgliedern noch heute durchgeführt werden, unter anderem auch für Schüler- und Jugendgruppen.

Dankbar erwähnen möchten wir auch die Übernahme von Patenschaften für die einzelnen Stolpersteine durch Mitglieder der Initiative „Freiberg für alle" und andere.

Die Neuerscheinung dieser Broschüre ist somit nicht nur ein Tribut an Michael Düsing, sondern auch eine Erhaltung seines Lebenswerks. Wir möchten seine bahnbrechende Arbeit würdigen, indem wir seine Mission fortführen und die Erinnerung an die Opfer des Nationalsozialismus lebendig halten. Sein Engagement und sein Erbe sind ein Vermächtnis, dem wir uns verpflichtet fühlen und das wir in Ehren halten.

Wir hoffen, dass diese Broschüre dazu beiträgt, die Erinnerung an die Opfer des Nationalsozialismus lebendig zu halten und gleichzeitig inspiriert, für eine Welt einzutreten, in der Toleranz und Menschlichkeit oberstes Gebot sind.

Beate Düsing und Daniel Großmann
Freiberger Zeitzeugnis e.V.

Freiberg, im Herbst 2023

Steine gegen das Vergessen

Fast nichts erinnert heute in Freiberg noch an die Tragödie von hier geborenen oder lange hier lebenden Menschen, die während der NS-Zeit ermordet oder auf andere Weise in den Tod getrieben wurden. Mehr als 60 Jahre nach Kriegsende reichen Spuren der beispiellosen Zerstörung, der millionenfachen Toten, der Vertriebenen und Entwurzelten, die vom nationalsozialistischen Regime in Deutschland verursacht wurden, bis in unsere Gegenwart und in unsere Stadt.

Vor allem die Erinnerung an die Demütigung, Verfolgung, Vertreibung und Ermordung jüdischer Bürger Freibergs aber ist aus dem kollektiven Bewusstsein nach Jahrzehnten des Verschweigens, Verdrängens und Vergessens nahezu gelöscht.

Initiiert von der Geschichtswerkstatt des Christlichen Jugenddorfwerks Deutschlands (CJD e.V.) in Freiberg und unterstützt von den Wirtschaftsjunioren Freiberg e.V und der Stadtverwaltung Freiberg, treten seit 2005 Freiberger Bürger, unter ihnen Unternehmer, Künstler, Pädagogen, aber auch Schüler und Studenten, dafür ein, in Freiberg sichtbare Orte/ Denkzeichen der Erinnerung an individuelle Schicksale von Menschen zu schaffen, die aus rassischen, religiösen oder politischen Gründen während der Nazi-Zeit in Freiberg verfolgt und ermordet wurden.

Angeregt wurde sie durch die bundesweite Initiative des Kölner Künstlers Gunter Demnig, Orte des individuellen Erinnerns durch die Verlegung von STOLPERSTEINEN im öffentlichen Raum vor den einstigen Wohnhäusern solcher Menschen zu schaffen.

Auf einem Pflasterstein, der eine Messingkappe trägt, sind deren Name, Geburtsjahr und – soweit bekannt – Todesdatum und Todesort eingraviert.

So bekommt das Opfer seinen Namen, seine Identität, zurück. Inzwischen liegen bereits rund 20.000 STOLPERSTEINE in über 500 Orten Deutschlands, ebenso in Österreich, Ungarn, den Niederlanden, Belgien, Frankreich und Italien, aber auch in Polen und Tschechien.

95 Euro kosten Herstellung und Verlegung eines Steines. Sie werden immer durch individuelle Spenden und Patenschaften aufgebracht.[1]

„Ein Mensch ist erst vergessen, wenn sein Name vergessen ist",
sagt Gunter Demnig. Und:
„Wer den Stein lesen will, muss sich vor ihm verbeugen".

Stolpersteine in Freiberg

Am 6. Juli 2007 und reichlich ein Jahr später am 15. Oktober 2008 wurden auch in Freiberg die ersten 14 Stolpersteine durch Gunter Demnig verlegt. Während der Schalom-Tage der Stadt Freiberg kamen am 28. September 2010 weitere 10 Steine hinzu.[2]

Im Folgenden werden die Orte der Verlegung, die Namen und Daten der Menschen, an die diese Steine erinnern, benannt.[3] Deren individuelles Schicksal ist geschildert, sofern biografische Lebensumstände noch recherchierbar waren.[4]

Dr. Michael Düsing
CJD Geschichtswerkstatt Freiberg

Freiberg, im Herbst 2010

Gunter Demnig verlegt am 15. Oktober 2008 Stolpersteine in Freiberg; Fl.-A. Sabath

Stolpersteine in Freiberg

Burgstraße

Kisch, Erna, geb. Spiro | Burgstraße 3
* 10.05.1891 in Freiberg
  Deportation am 25.10.1941 aus Hamburg ins Ghetto Litzmannstadt (Lodz);
  ermordet am 10.05.1942 im Vernichtungslager Kulmhof (Chelmno)

Braun, Gitta, geb. Weiß | Burgstraße 22
* 08.08.1873 in Bautzen
  Deportation ins Ghetto Theresienstadt am 01.07.1942,
† 02.11.1942 im Ghetto Theresienstadt

Silberstein, Celestine, geb. Weiß (Schwester) | Burgstraße 22
* 10.03.1876 in Bautzen
  Deportation ins Ghetto Theresienstadt am 01.07.1942,
† 16.03.1943 im Ghetto Theresienstadt

Burgstraße / Ecke Thielestraße

Wunderlich, Ida Rosa, geb. Wreschinski | Thielestraße 2
* 12.05.1887 in Freiberg
  Deportation am 19.01.42 von Berlin ins Ghetto Riga;
  dort ermordet

Wunderlich, Hans-Günter, (Sohn)
* 28.09.1917 in Freiberg
  Deportation am 03.02.1943 von Berlin ins Vernichtungslager Auschwitz;
  dort ermordet

Heinrich-Heine-Straße

Heymann, Wilhelm | Heinrich-Heine-Str. (Herzog-Heinrich-Str.) 12
* 07.07.1904 in Schientochlowitz (Oberschlesien)
  Deportation am 02.04.1942 von Regensburg ins Ghetto Piaski;
  dort ermordet

Heinrich-Heine-Straße

Heymann, Hildegard, geb. Brauer (Ehefrau)
* 16.02.1907 in Hindenburg (Oberschlesien)
Deportation am 02.04.1942 von Regensburg ins Ghetto Piaski;
dort ermordet

Heymann, Ursula (Tochter)
* 19.12.1931 in Freiberg
Deportation am 02.04.1942 von Regensburg ins Ghetto Piaski;
dort ermordet

Heymann, Norbert (Sohn)
* 13.11.1932 in Freiberg
Deportation am 02.04.1942 von Regensburg ins Ghetto Piaski;
dort ermordet

Humboldtstraße

Druck, Salomon (Szolem) | Humboldtstraße 34
* 01.05.1887 in Wilna
† 25.12.1938 Flucht in den Tod in Freiberg

Kreuzgasse

Fleischner, Otto | Kreuzgasse 4
* 07.06.1884 in Dobrnice (CSR)
† 17.02.1936 in Freiberg (Flucht in den Tod)

Fleischner, Anna, geb. Geiger (Ehefrau)
* 04.12.1891 in Roznotin (CSR)
Deportation am 21.01.1942 von Freiberg/Dresden ins Ghetto Riga;
dort ermordet

Kesselgasse

Baum, Fritz | Kesselgasse 1a
* 17.06.1898 in Freiberg
   Deportation am 12.03.1943 von Berlin ins Vernichtungslager Auschwitz;
   dort ermordet

Lange Straße

Freud, Max | Lange Straße 41
* 20.06.1883 in Gutti (Schlesien)
† 05.09.1942 KZ Dachau

Obermarkt

Manasse, Frieda, geb. Lewy | Obermarkt 5
* 10.01.1876 in Freiberg
   Deportation am 27./29.10.1941 aus Berlin ins Ghetto Litzmannstadt (Lodz);
† ermordet am 04.05.1942 im Vernichtungslager Chelmno

Poststraße

Pinkus, Max | Poststraße 16
* 21.03.1887 in Gatersleben
   Deportation am 19.01.1942 aus Berlin ins Ghetto Riga;
   dort ermordet

Pinkus, Grete, geb. Dobkowsky (Ehefrau)
* 10.02.1893 in Allenstein (Ostpreußen)
   Deportation am 19.01.1942 aus Berlin ins Ghetto Riga;
   dort ermordet

Pinkus, Werner (Sohn)
* 01.02.1926
   1939 Flucht mit Kindertransport nach England,
   überlebt

Silberhofstraße

Dux, Ida, geb. Wehle | Silberhofstraße 24
* 01.07.1869 in Prag
 Deportation Ghetto Theresienstadt,
 ermordet am 15.04.1943 im Vernichtungslager Treblinka

Weisbachstraße

Brück, Paula, geb. Taubenschlag | Weisbachstraße 23
* 02.10.1886 in Johannisburg, Ostpreußen
 Deportation nach Auschwitz 1942,
 ermordet am 10.05.1942 im Vernichtungslager Kulmhof (Chelmno)

Wolff, Abraham, Georg | Weisbachstraße 23
* 22.06.1879 in Hohensalza (Posen)
† 22.01.42 Flucht in den Tod nach Erhalt des Deportationsbefehls
 für den 25.01.1942 von Berlin ins Ghetto Riga

Wolff, Meta Sophie, geb. Taubenschlag (Ehefrau)
* 29.01.1887 in Freiberg
† 25.01.42 Flucht in den Tod nach Erhalt des Deportationsbefehls
 für den 25.01.1942 von Berlin ins Ghetto Riga

Wolff, Manfred (Sohn)
* 28.08.1920 in Freiberg
 1939 Flucht mit Kindertransport nach England,
† 1983 Großbritainnien

Gray, Dorothea, geb. Wolff (Tochter)
* 25.01.1925 in Freiberg
 1939 Flucht mit Kindertransport nach England,
† 2007 Großbritannien

Burgstraße 3

HIER WOHNTE
ERNA KISCH,
GEB. SPIRO
JG. 1891
DEPORTIERT 1941
GHETTO LODZ
ERMORDET 10.5.1942 IN
CHELMNO

Stolperstein für Erna Kisch, geb. Spiro; Foto: Michael Düsing

In dem großen Gebäude hinter dem Rathaus, dem **Stadthaus**, und dem rechts benachbarten kleineren Gebäude (heute Nr. 5 und 3) hatten gleich mehrere jüdische Familien ihr Geschäft bzw. ihr Zuhause. Vielen Freibergern war der Laden für „Schneiderinnen und Hausbedarf" der **Geschwister Steinberg** im „Stadthaus" ein Begriff.

Erstmals fand er im Adressbuch 1886 Erwähnung. Louisa Steinberg, geboren 1856, führte das „Kurz- und Weißwarengeschäft" zusammen mit ihrer Schwester Flora, geb. 1865. Weitere Schwestern waren Rosalie, 1860 in Pasewalk geboren, Fanny, geb. 1861, sowie Gertrud, geb. 1869.

Rosalie Steinberg heiratete 1886 den Kaufmann Samuel Winter (geb. 1856) aus dem galizisch-polnischen Żarki. Ein Jahr nach ihrer Hochzeit, am 18. Juli 1887, entband sie in Freiberg ihren Sohn **Gerhard Winter**. Das Ehepaar zog bereits 1897 nach Plauen. Gerhard Winter wurde am 3. März 1943 in Auschwitz ermordet.

Flora Steinberg heiratete den 1857 in Posen geborenen Textilkaufmann **Hermann Hirsch Spiro** am 19. Juni 1888 in Freiberg. Am 10. Mai 1891 wurde in Freiberg ihre Tochter **Erna** im Stadthaus hinter dem Rathaus geboren. Sie war erst neun Jahre alt, als ihre Eltern mit ihr im März 1900 nach Berlin-Charlottenburg verzogen, wie ein Eintrag im Einwohnermeldebuch belegt. Am 2. Mai 1912 heiratete **Erna Spiro** in Prag den tschechischen Kaufmann **Alfons Kisch**. Das Ehepaar wohnte in Berlin. Ihre Mitgift, die sie mit in die Ehe brachte, betrug immerhin 70.000 Reichsmark, denn ihr Vater hatte es inzwischen als Wäschefabrikant zu einigem Wohlstand gebracht. 1913 kam ein Sohn zur Welt. Dennoch schien die Ehe von Anfang an unter keinem guten Stern zu stehen. Alfons Kisch, 1914 auf Geschäftsreise in Spanien, kehrte nie von dort zu seiner Familie zurück. Die Scheidung zog sich über sieben Jahre hin, wohl auch verzögert durch den 1. Weltkrieg. Von ihrer Mitgift blieb Erna Kisch nur ein Viertel. 1925 holte der Vater seinen inzwischen zwölfjährigen Sohn nach Spanien, der später die Nazizeit im Exil in London überlebte.

Erna Kisch führte ein eher unstetes Leben. Als die Nazis an die Macht kamen, lebte sie schon einige Jahre in Hamburg, bei ihrer Freundin **Martha Zacher** und deren verwitweter Mutter. Ihr verbliebenes Vermögen gab sie für gemeinsame Anschaffungen und Kuraufenthalte mit ihrer Freundin, manchmal auch zusammen mit deren Mutter, aus. Ihre eigene Mutter schrieb ihr, besorgt über das - wie sie fand - leichtsinnige Leben der Tochter, aus Berlin: „*Weißt Du denn nicht, was hier vor sich geht mit den Juden, oder willst Du es nicht wissen?*" Tochter Erna vertraute indes weiter darauf, dass sie durch ihre tschechoslowakische Staatsangehörigkeit, die sie durch ihre Heirat erworben und nie aufgegeben hatte, und die Freundschaft mit ihrer nicht-jüdischen, evangelischen Freundin geschützt sei. Als die Nazis im Sommer 1939 Erna Kischs restliches Vermögen sperrten, focht Martha Zacher als Bevollmächtigte Erna Kischs in einem Schreiben an den Reichswirtschaftsminister diese Sicherungsanordnung an: „*Seit über 25 Jahren verkehrt Frau Kisch ausschließlich in evangelischen Kreisen und erfreut sich heute noch darin großer Beliebtheit, ebenso wegen ihres durchaus evangelischen Wesens.*" Leider habe

Stadthaus I hinter dem Rathaus,
Quelle: Fotothek des Stadt- und Bergbaumuseums Freiberg, F3276

sie sich ihre Eltern nicht aussuchen können. Um das zu untermauern, ließ sich Erna Kisch im Dezember 1939 in der evangelischen Dreifaltigkeitskirche in Hamburg-Hamm taufen und trat aus der jüdischen Gemeinde aus. Natürlich blieb eine Reaktion aus dem Reichswirtschaftsministerium aus. Aber da sich die Freundin Martha Zacher unvermindert für Erna Kisch einsetzte, geriet sie selbst ins Visier der Gestapo. Diese verlangte von ihr eine schriftliche Erklärung, sich von ihrer jüdischen Freundin zu trennen. Sie hielt sich freilich nicht daran. Als es am 12. September 1941 Pflicht wurde, den „Judenstern" zu tragen, verkannte Erna Kisch immer noch den Ernst der Situation. Martha Zacher und deren Mutter stellten sich wiederum schützend vor Erna Kisch, die den „Judenstern" nicht tragen wollte. Martha Zacher wurde in Untersuchungshaft genommen; Erna Kisch lieferte die Gestapo in „Schutzhaft" in das KZ Fuhlsbüttel bei Hamburg ein. Als Martha Zacher wieder entlassen wurde, fand sie ihre Freundin nicht mehr vor. Zwar war auch diese nach drei Wochen „Schutzhaft" entlassen worden, aber nur zehn Tage später, als Martha Zacher noch einsaß, am 25. Oktober 1941, in das Ghetto Lodz deportiert worden. Als „nicht arbeitsfähig" eingestuft, lebte sie dort noch erbärmlicher als die meisten arbeitsfähigen Ghettobewohner. Martha Zacher versuchte noch Anfang 1942, ihrer Freundin Geld und Lebensmittelpäckchen ins Ghetto zu schicken. Dafür denunziert, kam sie selbst wieder in Gestapo-Haft und anschließend, bis September 1944, ins Frauenkonzentrationslager Ravensbrück. Erna Kisch wurde am 10. Mai 1942 in das Vernichtungslager Kulmhof (Chelmno) deportiert und dort vermutlich noch am gleichen Tag, ihrem 51. Geburtstag (!), vergast.

Burgstraße 20 (ehemals 22-24)

HIER WOHNTEN
GITTA BRAUN,
GEB. WEISS
JG. 1873
DEPORTIERT 1.7.1942
GHETTO THERESIENSTADT
HIER TOD 02.11.1942

CELESTINE SILBERSTEIN,
GEB. WEISS
JG. 1876
Deportiert 1.7.1942
Ghetto Theresienstadt
hier Tod 16.3.1943

Am 1. Juli 1942 wurde **Gitta Braun, geb. Weiß**, zusammen mit ihrer Schwester **Celestine Silberstein, geb. Weiß**, von Dresden aus in das Ghetto Theresienstadt transportiert. Die Nazis hatten im November 1941 die einheimische Bevölkerung aus dieser ehemaligen k.u.k. Garnisonsstadt vertrieben, um hier ein „Vorzeigeghetto für prominente Juden", für solche, die durch ihre Weltkriegsteilnahme und Weltkriegsauszeichnungen „geschützt" schienen, vor allem aber für betagte Juden zu schaffen – ein „Altersghetto" also, in das sich die dorthin verbrachten Juden auch noch einkaufen mussten. In Wirklichkeit starben von den rund 141.000 Menschen, darunter 70.000 Alten, die zwischen Ende 1941 und Mai 1945 in Theresienstadt waren, allein 33.000 an Hunger, Krankheiten und Entkräftung in Theresienstadt selbst. Etwa 88.000 Menschen wurden von Theresienstadt nach Auschwitz und in andere Vernichtungslager deportiert. Von denen überlebten nur etwa 4.000 den Krieg.

Von den etwa 15.000 Kindern, die im Ghetto waren, überlebten 150! Zu den Toten Theresienstadts gehörten die Freibergerinnen Gitta Braun und ihre Schwester Celestine Silberstein, geb. Weiß.

Im Haus Burgstraße mit der damaligen Nummer 24 existierte neben dem Modehaus „Goldene 24" seit 1903 auch der **Weißwarenhandel der Familie Salomon Braun. Salomon Braun** aus Elbing in der Provinz Westpreußen war im Alter von 35 Jahren nach Freiberg gekommen. Am 5. Mai 1902 wurde er im Meldeamt als Zuzug aus Berlin registriert.

Kaufhaus Braun Erbische / Ecke Hornstraße um 1900, Bildausschnitt;
Quelle: Fotothek Stadt- und Bergbaumuseum Freiberg 8723b

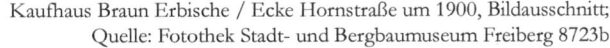

Einen Tag später bereits, am 6. Mai, meldete er das **„Kaufhaus Braun"** als Gewerbe der „Kurz-, Weiß,- Wollwaren-, Manufakturarbeit" beim Freiberger Gewerbeamt an. Er führt das Geschäft zunächst in der sehr repräsentativen Lage an der **Hornstraße 1/Ecke Erbische Straße**, gegenüber dem renommierten Freiberger Hotel de Saxe, aller Wahrscheinlichkeit nach aber nur anderthalb Jahre.[6]

Am 1. Oktober 1903 inserierte er im „Freiberger Anzeiger und Tageblatt" die „Aufgabe des jetzigen Ladens". Der Dresdner Kaufmann **Ludwig Weinberg** erwarb nunmehr das „Kaufhaus Braun" und führte es unter neuen Namen als Herren- und Knabenkonfektionsgeschäft **„Zur Zentrale"** – vermutlich bis in die 20er Jahre - weiter.

Ursache für die Geschäftsaufgabe durch Salomon Braun war möglicherweise die Hochzeit mit **Gitta Weiß** aus der Burgstraße 24 (heute Nr. 20/22) im Mai 1903, die in Dresden vollzogen wurde. Denn hier, in der Burgstraße 24, führte Salomon Braun nun sein „Woll- und

Die „Goldene 24" Burgstraße. Historische Aufnahme vor 1900;
Quelle: Fotothek Stadt- und Bergbaumuseum Freiberg, 01664

Weißwarengeschäft" weiter, vielleicht war die Miete hier günstiger, zumal sich auch hier der Laden in einer guten Geschäftslage befand. Wahrscheinlicher aber ist, dass Salomon Braun nicht lange nach der Hochzeit erkrankte, die Geschäfte dadurch schlechter liefen, denn nachdem er im Oktober 1903 den Laden an der Ecke Hornstraße aufgab, machte der neue in der Burgstraße nur ein Jahr später, am 13. Dezember 1904, Konkurs. Jedenfalls geht aus der neuen Gewerbeanmeldung vom 19. Juni 1905 durch seine Ehefrau Gitta Braun, geb. Weiß hervor, dass nun unter ihrem Namen das Geschäft geführt werde, da der Ehemann krank sei. Aber auch danach dürften die Geschäfte nicht gut gelaufen sein. Im Juni 1907 sah sich das Ehepaar Braun gezwungen, das Gewerbe erneut abzumelden. Am 24. Juli 1919 starb Ehemann Salomon Braun, mit nur 56 Jahren. Seine Grabstätte befindet sich auf dem Neuen Israelitischen Friedhof in der Dresdner Fiedlerstraße. Nach dem Tod des Ehemanns meldete Gitta Braun den „Handel mit Konfektionsartikeln" im **„Blusenhaus S. Braun"** als Inhaberin neu an und führte das Geschäft zehn weitere Jahre bis zum Juli 1929. Ihre Wohnung befand sich in der damaligen **Burgstraße 24B**. Ihre drei Jahre jüngere Schwester **Celestine Silberstein, geb. Weiß**, ebenfalls verwitwet, zog zu ihr. Die Eltern, Adolf Weiss, 1844 – 1911, und Esther Weiss (1845 – 1925) sind übrigens beide auf dem Neuen Israelitischen Friedhof in Dresden begraben.

Nachdem die Nazis den Lebensraum der Juden ab 1933 Schritt für Schritt immer drastischer einschränkten, schließlich sogar 1938 die Benutzung öffentlicher Bibliotheken durch Juden verboten, war die Witwe Braun für die wenigen noch in Freiberg lebenden Juden der einzige Anlaufpunkt, um wenigstens noch Literatur aus dem Bestand der Jüdischen Gemeinde Dresden bei ihr in der Burgstraße ausleihen zu können.
Gitta Braun wurde zusammen mit ihrer Schwester Celestine am 1. Juli 1942 über Dresden in das Ghetto Theresienstadt deportiert, wo beide kurz hintereinander im November 1942 bzw. März 1943 starben.

Burgstraße / Ecke Thielestraße (Thielestraße 2)

HIER WOHNTEN
IDA WUNDERLICH,
GEB. Wreschinskl
JG. 1887
DEPORTIERT 1942
ERMORDET IN RIGA

HANS-GÜNTER WUNDERLICH
JG. 1917
DEPORTIERT 1943
ERMORDET IN AUSCHWITZ

Burgstraße/Ecke Thielestraße. Heutige Ansicht;
Foto: Michael Düsing

„Parfümerie- und Seifengeschäft Wreschinski" hieß ein kleiner Laden in der **Thiele-straße 2**. **Wilhelm Wreschinski**, geboren am 23. August 1839 in Mogilno, hatte es gegründet und wurde im Freiberger Adressbuch als „Seifenfabrikant" geführt. Als er 1891 im Alter von nur 52 Jahren an einer chronischen Herzkrankheit starb (seine Grabstelle befindet sich auf dem Neuen Israelitischen Friedhof in Dresden), führte seine Witwe **Pauline** (1849 geboren, Geburtsname Hepner) das Geschäft weiter. 1903 verzog sie für einige Jahre vermutlich zu ihrer Tochter Regina nach Hildesheim, wo die Tochter seit 1896 verheiratet lebte. Offenbar kehrte Pauline Wreschinski 1910 nach Freiberg zurück, da sie das Geschäft in jenen Jahren wieder anmeldete und bis zu ihrem Tod 1914 führte.

Das Ehepaar hatte fünf Kinder, alle noch vor der Freiberger Zeit in Gnesen bzw. Wreschen geboren. Die jüngste Tochter, **Ida Rosa** war 1887 geboren worden.

Wann Ida ihren vermutlich nichtjüdischen Ehemann **Paul Hermann Wunderlich** heiratete, ist nicht bekannt, auch nichts über das Los dieser Verbindung, aus der am 28. September 1917 **Sohn Hans-Günter** hervorging, geboren in der Thielestraße 2. Nach dem Tod der Mutter hatte Ida das Geschäft weitergeführt.

In den 20er und Anfang der 30er Jahre muss sich Ida Wunderlich mit einem sog. „Privatmittagstisch" durchgeschlagen haben, während ihr Ehemann nunmehr als Inhaber des Seifengeschäftes benannt wird. Sohn Hans-Günter besuchte von Ostern 1931 bis Ostern 1934 die Berufsschule Freiberg. Im März 1936 verließ Ida Wunderlich mit ihrem Sohn Hans-Günter Freiberg und zog zu Verwandten nach Berlin – wie so viele Juden auf die Anonymität der Großstadt hoffend. Ob sie zu diesem Zeitpunkt von ihrem Ehemann geschieden war, der offensichtlich in Freiberg blieb, ist nicht bekannt. Mit dem 9. Transport Berliner Juden von Berlin nach Riga (dem gleichen, mit dem auch die Freiberger Grete und Max Pinkus deportiert wurden – siehe unter: „Poststraße 16") wurde sie am 19. Januar 1942 in das Ghetto Riga deportiert. Der Transport erreichte mit 1.002 Personen am 23.1.42 Riga – in „gedeckten" Güterwagen, trotz der damals herrschenden Kälte.[7]

Ihr Sohn Hans-Günter wurde am 3. Februar 1943 nach Auschwitz verschleppt. Es war der 28. Transport aus Berlin, der mit 952 Personen am 4. Februar 1943 im Vernichtungslager Auschwitz-Birkenau ankam. Die meisten von ihnen waren offenbar Kranke und Alte aus dem Jüdischen Hospital in der Berliner Auguststraße 17 und dem Jüdischen Krankenhaus Berlin-Moabit.

Ihre Selektion erfolgte an der „alten Judenrampe" in Auschwitz. Von den 952 Deportierten wurden nur 181 Männer und 106 Frauen als „arbeitsfähig" ausgesondert. Alle anderen, darunter auch mit hoher Wahrscheinlichkeit Hans-Günter Wunderlich, wurden sofort nach ihrer Ankunft in zwei extra dazu umgebauten Bauernhäusern vergast.

Die „modernen" Gaskammern und Krematorien in Auschwitz wurden erst danach, ab 15.2.43 (Krematorium II) bzw. 28.2.43 (Krematorium V) in „Betrieb" genommen.[8]

Mutter und Sohn kehrten nie zurück.

Heinrich-Heine-Straße 12
(ehem. Herzog-Heinrich-Straße)

HIER WOHNTEN:
WILHELM HEYMANN,
JG 1904
DEPORTIERT 1942
ERMORDET IN PIASKI

HILDEGARD HEYMANN,
GEB. BRAUER
DEPORTIERT 1942
ERMORDET IN PIASKI

URSULA HEYMANN
JG 1931
DEPORTIERT 1942
ERMORDET IN PIASKI

NORBERT HEYMANN
JG 1932
DEPORTIERT 1942
ERMORDET IN PIASKI

Ein „Verkäufer von bestem Schlag", „Kenner aller Branchen und jedes Warenhauses", so urteilten Freunde und Bekannte über Wilhelm Heymann, als ihn Salman Schocken Ende 1930 zum Direktor des Freiberger Schocken-Kaufhauses ernannte.[9]

Erst 26 Jahre alt, trat er die Nachfolge von Carl Lewin an, der seit der Eröffnung des beliebten Freiberger Kaufhauses im März 1914 dessen Geschicke geleitet hatte. Lewin übernahm das 1930 eröffnete moderne Schocken-Kaufhaus in Chemnitz. Als Heymann die Leitung des Freiberger Hauses in der Petersstraße antrat, gehörte das Kaufhausunternehmen der Gebrüder Simon (1929 tödlich verunglückt) und Salman Schocken[10] aus Zwickau bereits zu den größten Warenhausunternehmen Deutschlands.

Wilhelm Heymann um 1926;
Quelle: Archiv Düsing

Der Name Schocken stand in Freiberg wie inzwischen in über 30 weiteren Filialen in Sachsen und anderen deutschen Städten für modernste Handelsgrundsätze, eine hohe Kultur des Einkaufs und Verkaufs, für solide Kundenberatung, preiswerte und

Das Kaufhaus Schocken in Freiberg;
Quelle: Archiv Düsing

gediegene Angebote und ein soziales, unternehmerisches Engagement, das bis in die Gegenwart beispielgebend genannt werden kann.[11] Die Gebrüder Schocken achteten nicht nur auf kaufmännisches Vermögen und einzelhändlerische Erfahrung ihrer leitenden Angestellten, sondern ganz besonders auch auf deren soziale und kulturelle Kompetenz. Ihr Bestreben war, dass die „*Warenhäuser, die (ihren) Namen trugen, den Lebensstandard und das kulturelle Niveau der Städte, in denen sie standen, heben sollten*", erinnerte sich Gershom Schocken, der Sohn Salman Schockens.[12] Diese Erfahrung brachte der junge Heymann

mit. 1904 in Schientochlowitz bei Kattowitz (heute: Świętochłowice) in Schlesien geboren, absolvierte er ab 1919 eine kaufmännische Ausbildung in Breslau und arbeitete als Verkäufer unter anderem in Berlin und Stuttgart.[13] Etwa 1926/1927 kam er an das Freiberger Kaufhaus.

Seine Begegnung mit Carl Lewin, der in Freiberg nicht nur als Direktor beliebt war, sondern dessen Villa auf der Herzog-Heinrich-Straße (heute Heinrich-Heine-Straße) kultureller Anziehungspunkt für viele Freiberger, darunter auch Studenten und Wissenschaftler der Bergakademie, war, prägte ihn tief.[14]

Eine glänzende Karriere in Aussicht, heiratete Wilhelm Heymann am 1. Januar 1931 seine aus Hindenburg (heute: Zabrze) stammende Hilde, geborene Brauer. Das Familienglück ließ nicht lange auf sich warten: am 19. Dezember 1931 kam Ursula zur Welt. Nur ein Jahr später, am 13. November 1932, belebte Sohn Norbert die „Direktorenvilla" in der Herzog-Heinrich-Straße. Privat und geschäftlich schien alles zum Besten zu stehen.

Hochzeitreise nach Mailand 1931, Willi und Hilde Heymann vor dem Mailänder Dom;
Quelle: Archiv Düsing

Aber nur wenige Tage nach der Geburt ihres Sohnes kamen die Nazis an die Macht. Mit dem 30. Januar 1933 begann die systematische Vernichtung der Lebensgrundlagen aller Juden in Deutschland und die Zerstörung des jüdischen Schocken-Konzerns.

Zum ersten „Judenboykott" am 1. April 1933 wurden Kunden am Betreten des Schocken-Kaufhauses gehindert. „Kauft nicht bei Juden!" hieß die Drohparole gegen Angestellte, Kunden und Geschäftspartner.[15] Schritt für Schritt wurde die bürgerliche und wirtschaftliche Existenz der Juden auch in Freiberg eingeengt. 1934 erreichte Wilhelm Heymann die Berufung auf den Direktorenposten des Schocken-Kaufhauses in Regensburg. Sein Nachfolger in Freiberg, Siegfried Jacobsohn, wurde schon 1936 aus dem Amt gezwungen.[16] Als der Judenpogrom im November 1938, die sog. „Reichskristallnacht", den vorläufigen Höhepunkt der Judenverfolgung markierte, wurden die noch verbliebenen jüdischen Angestellten der Schocken-Kaufhäuser offenem Terror ausgesetzt. Eine *„drohende Menschenmenge"* rottete sich auch in Freiberg vor jüdischen Geschäften zusammen, wie das Tagebuch des

Ursula und Norbert Heymann 1934 in Freiberg, Photograph O. Hertel, Erbische Straße 41; Quelle: Archiv Düsing

Freiberger Polizeireviers verrät. Die „Goldene 24" des Kaufmanns Weinberg in der Burgstraße, das Schuhhaus Balkind auf dem Obermarkt, ebenso wie das Schocken-Kaufhaus erlitten Verwüstungen.[17] Freiberger Juden wurden in das KZ Buchenwald verschleppt, darunter der Schocken-Abteilungsleiter Kurt Günzburger[18], Rolf Weinberg, Sohn der Kaufmannsfamilie Weinberg[19] sowie Manfred Wolff, Sohn eines Freiberger Fabrikanten.

Auch Wilhelm Heymann wurde verhaftet und von Regensburg aus in das KZ Sachsenhausen verschleppt. Ende 1938 war das Lebenswerk der Gebrüder Schocken zerstört. Der Kaufhauskonzern wurde „arisiert", alle jüdischen Angestellten endgültig entlassen.[20] Wem die Flucht ins Exil nicht rechtzeitig gelungen war, geriet nun in die anlaufende Vernichtungsmaschinerie Nazi-Deutschlands. Wilhelm Heymann verlor seine „bürgerliche" Existenz endgültig. Der Entlassung aus dem KZ folgte 1940 die Einweisung der jungen Familie in ein Regensburger „Judenhaus". Am 2. April 1942 zählten Wilhelm und Hilde Heymann,

KZ Buchenwald, „Judenaktion" im November 1938;
Quelle: Fotoarchiv Gedenkstätte KZ Buchenwald, Bild-Nr. 293.001

zusammen mit ihren 10 und 9 Jahre alten Kindern Ursula und Norbert zum ersten Transport Regensburger Juden, die in das polnische Ghetto Piaski deportiert wurden. Entweder noch dort oder bei einem der von Piaski in das Vernichtungslager Belzec abgehenden Transporte wurde die Familie Heymann ermordet.[21]

Bei der Arbeit an der 2007 erschienenen Broschüre „Das Freiberger Kaufhaus Schocken – eine Spurensuche" gelang es dem Autor, mit dem letzten lebenden Verwandten Wilhelm Heymanns Kontakt aufzunehmen. Wilhelms Halbbruder Eli Heymann, der selbst die Hölle des Holocaust durchlitten hat, schrieb tief bewegt aus Jerusalem nach Freiberg. Außer Bruder „Willy" wurden Eli Heymanns Vater und weitere drei seiner acht Geschwister in Vernichtungslagern der Nazis ermordet.

Während der Verlegung der Stolpersteine
für die Familie Heymann in Freiberg, Heinrich-Heine-Str.12 am 15.10.2008;
Quelle: Archiv Düsing

Humboldtstraße 34

HIER WOHNTE
SZOLEM DRUCK
JG. 1887
GEDEMÜTIGT / ENTRECHTET
FLUCHT IN DEN TOD
25.12.1938

Der Schuhmacher **Salomon (Szolem) Druck** war 51 Jahre alt (geb. am 1. Mai 1887 in Wilna/Vilnius), als er die Flucht in den Tod vor den gnadenlosen Verfolgungen der Nazis wählte. Einst vor antijüdischen Pogromen aus dem litauischen Wilna, bis 1917 zum russischen Zarenreich gehörend, geflohen, gehörte er als „Ostjude" zu den ärmsten jüdischen Einwanderern. Am 25. Mai 1918 ist sein Zuzug von Berthelsdorf nach Freiberg im Meldeamt registriert.[22] Am 22. März 1924 meldete er sein Gewerbe als Schuhmacher in Freiberg an. Seine Werkstatt war zunächst Am Schießplan B 293, ab September 1924 Am Bahnhof 14, später, um 1935/37, in der Bahnhofstraße 41.

Er zählte zu den ersten, denen nach dem Machtantritt der Nazis 1933 die bescheidene wirtschaftliche Existenz Schritt für Schritt geraubt wurde. Die von den Nazis inszenierte „Reichskristallnacht" am 9. November 1938 vernichtete offenbar seine letzten Hoffnungen und die Reste seines Lebensmutes.

Eine wirkliche Flucht war jenseits aller denkbaren finanziellen und realen Möglichkeiten für ihn. So nahm er sich in der Nacht vom 24. zum 25. Dezember 1938 in seiner letzten Freiberger Wohnung in der Humboldtstraße 34, die zugleich seine Werkstatt war, mit Gas das Leben.[23]

Humboldtstraße 34, aktuelle Aufnahme,
Foto: Michael Düsing

Kreuzgasse 4

HIER WOHNTEN
OTTO FLEISCHNER
JG. 1884
GEDEMÜTIGT / ENTRECHTET
FLUCHT IN DEN TOD
17.2.1936

ANNA FLEISCHNER
GEB. GEIGER
JG. 1886
DEPORTIERT 1942
ERMORDET IN RIGA

Eine unscheinbare Postkarte, bis heute sorgsam im Stadtarchiv aufbewahrt, gehört zu den letzten Spuren der Freibergerin **Anna Fleischner**, geboren am 4. Dezember 1886 im böhmischen Roznotin, und seit 1912 mit dem Schneider **Otto Fleischner**, geboren am 7. Juni 1884 in Dobrnice, ebenfalls Böhmen, verheiratet.

Deren Tochter Margarethe, geboren am 19. April 1915 in Freiberg, hatte am 21. Januar 1942 zwei Schlüssel an das hiesige Polizeiamt auf dem Obermarkt geschickt. Auf einer Postkarte, abgeschickt in Teplitz, wo sie - verheiratet mit dem Ingenieur Lifka - seit etwa 1938 lebte, erklärte sie, am Vortag, bei der Übergabe der Wohnungsschlüssel *„von unserer Mutter, Frau Anna Fleischner, Kreuzgasse 4 II in der Eile und Aufregung“* vergessen zu haben, auch die Boden- und Kellerschlüssel mit zu übergeben. Eine polizeiliche Empfangsnotiz bestätigte korrekt deren Erhalt.[24] Die „Eile und Aufregung“, in die Mutter und Tochter versetzt worden waren, hatte ein wenige Tage zu-

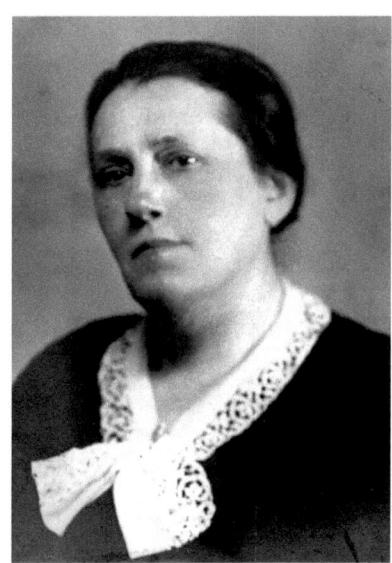

Anna Fleischner, Aufnahme vor 1938,
Quelle: Stadtarchiv Freiberg,

Postkarte vom 21.01.1942;
Quelle: Stadtarchiv Freiberg

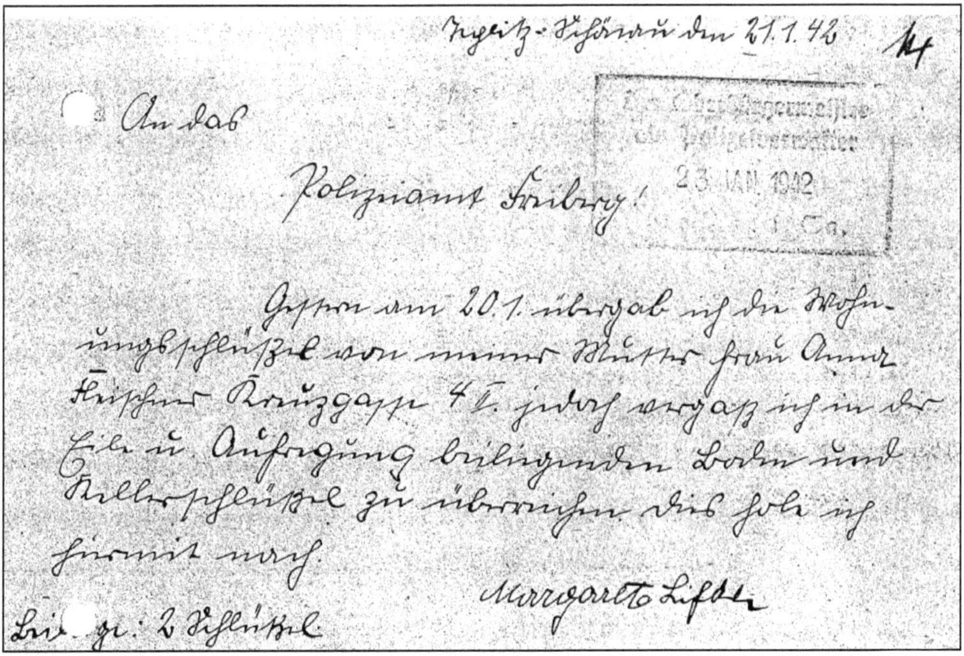

Teplitz-Schönau den 21.1.42

An das

Polizeiamt Freiberg!

23. JAN. 1942

Gestern am 20.1. übergab ich die Wohnungsschlüssel von meiner Mutter Frau Anna Fleischner Kreuzgasse 4 II. jedoch vergaß ich in der Eile u. Aufregung beiliegenden Boden und Kellerschlüssel zu übergeben. dies hole ich hiermit nach.

Margarethe Lifka

vor an Anna Fleischner ergangener Bescheid zur „Evakuierung" ausgelöst. Eiligst musste sie einige in Art und Umfang exakt vorgeschriebene Habseligkeiten packen, die die damals 55-jährige für einen, wie es im amtlichen Schreiben vermutlich hieß, „längeren Arbeitsein-satz" benötigen würde. Die Freiberger Ordnungspolizei versiegelte ihre Wohnung und es ist anzunehmen, dass sie unter deren Begleitung zum Sammelplatz nach Dresden gebracht wurde. Hier ging sie am 21. Januar 1942 (übrigens einen Tag nach der berüchtigten Berliner Wannsee-Konferenz) in einem aus Leipzig kommenden Personenzug 3.Klasse „auf Trans-port". Ahnte sie, was auf sie wartete?

Viktor Klemperer, wegen seiner jüdischen Abstammung entlassener Hochschullehrer in Dresden, der akribisch Tagebuch über die fortschreitende Demütigung und Verfolgung der Juden in seiner Umgebung führte, hatte Gerüchte über die bevorstehende „Evakuierung" sächsischer Juden notiert und am 13. Januar 1942 vermerkt, es seien „evakuierte Juden bei Riga reihenweise, wie sie den Zug verließen, erschossen worden".[25] Tatsächlich waren, um für die aus deutschen Städten seit Ende November 1941 eintreffenden Deportationszüge

Familienfeier. rechts oben Otto Fleischner, erste Reihe Mitte Anna Fleischner,
rechts daneben Tochter Margarete; Quelle: Archiv Düsing

im total überfüllten Rigaer Ghetto „*Platz zu machen*", an einem einzigen Tag, dem sog. „*Rigaer Blutsonntag*" am 30.11.1941, rund 27.500 lettische Juden in einem nahe gelegenen Wald erschossen worden.[26] Noch vor ihnen jedoch hatten Ordnungspolizei, SS und lettische Hilfstruppen 1.053 Berliner Juden „*aus dem Zug heraus*" ermordet, da sie im frühen Morgengrauen dieses verhängnisvollen Novembertages, noch vor Beginn der Erschießungsaktion der lettischen Juden – gewissermaßen „*zu früh*" - eingetroffen waren.

Die SS wollte sich „*logistische*" Probleme ersparen und eine „*Störung*" der geplanten eigentlichen Aktion vermeiden. Von dem Transport, mit dem Anna Fleischner, zusammen mit weiteren 772 Juden aus sächsischen Städten in Riga am 24. Januar 1942 – knapp zwei Monate nach den ersten Massenerschießungen im Ghetto - eintraf, erlebten nur 47 die Befreiung.[27]

Anna Fleischner hatte ihren Mann, den Freiberger Schneider Otto Fleischner, nur um wenige Jahre überlebt. Er war schon rund sechs Jahre zuvor durch den unbarmherzigen Rassenterror der Nazis in den Tod getrieben worden. Seine kleine Schneiderei und Nähstube in der Kreuzgasse 4 war nach dem Machtantritt der Nazis1933 Schritt für Schritt in den wirtschaftlichen Ruin geraten. Schon nach dem Erlass der Nürnberger Rassengesetze 1935 häuften sich immer wiederkehrende, demütigende Hausdurchsuchungen, von denen Protokolle im Freiberger Stadtarchiv noch heute zeugen. Er verlor seine Kundschaft, aber mehr und mehr auch Freunde und Bekannte.

In tiefer seelischer Not und voller Verzweiflung stürzte sich Otto Fleischner am Morgen des 17. Februar 1936 aus dem Fenster seiner Wohnung im zweiten Stock und verstarb wenige Stunden danach im Freiberger Krankenhaus.[28]

Kesselgasse 1 a

HIER WOHNTE
FRITZ BAUM
JG. 1898
DEPORTIERT 1943
AUSCHWITZ
ERMORDET 12.3.1943

Erbische Straße, Historische Postkarte, rechts Geschäft Hermann Baum, Kesselgasse 1 a;
Quelle: Fotothek Stadt- und Bergbaumuseum Freiberg PK1263

Fritz Baum wurde am 17. Juni 1898 in Freiberg geboren.

Die Familie Baum stammte aus der damals westpreußischen Provinz Posen.

Seine Eltern, Hermann (1856 in Schrimm, südlich von Posen, heute: Śrem, geboren) und Anna Baum (geb. Basch 1869 in Posen) waren Anfang der 90er Jahre des 19. Jahrhunderts aus der preußischen Provinz Posen – kurz nach ihrer Heirat im Februar 1891 in Posen – nach Freiberg gekommen. In Freiberg wurden ihre drei Kinder geboren: 1891 Berthold, 1894 Elsa, 1898 Fritz.

Sie führten in der Kesselgasse 1a einen bei den Freibergern beliebten Textilladen, den die Mutter nach dem frühen Tode ihres Ehemanns 1910 noch bis 1931 weiter betrieb.

Weitere Informationen sind spärlich. Wann Anna Baum verstarb, ist bislang unbekannt. Sohn Berthold und Tochter Elsa, die schon in den frühen 20er Jahren Freiberg verlassen hatten, überlebten den Massenmord der Nazis.

Auch Sohn Fritz lebte nicht mehr in Freiberg, als die Nazis an die Macht kamen.

Am 12. März 1943 wurde er von Berlin aus in das Vernichtungslager Auschwitz deportiert und dort wahrscheinlich unmittelbar nach Ankunft des Transports vergast.

Geschäftsanzeige im „Freiberger Anzeiger" im Juni 1910;
Quelle: Archiv Düsing

Lange Straße 41

HIER WOHNTE
MAX FREUD
JG. 1883
VERHAFTET 1941
'SCHUTZHAFT' IN DRESDEN
1942 BUCHENWALD
DACHAU
ERMORDET 5.9.1942

Max Freud;
Quelle: Stadtarchiv Freiberg

Nur selten lassen archivierte Amtsschreiben menschliche Tragödien und unmenschliche Zustände so direkt erahnen wie jene schmale Akte, die im Stadtarchiv unter: *„betref. das Weingewerbe des Max Freud, 1934 – 1939"* zu finden ist.[29] Sie dokumentiert ein Geschehen eher am Rande nationalsozialistischer Herrschaft in Freiberg: den Amtsstreit um eine Gewerbeerlaubnis für einen kleinen jüdischen Weinvertreter, den seit 1909 in Freiberg lebenden „ausländischen" Juden **Max Freud**.

Er war im Juni 1883 in Gutti, einem kleinen Ort im tschechisch-polnischen Grenzgebiet um Teschen (schlesische Beskiden; poln.: Cieszyn, tschechisch: Česky Těšin) geboren worden und besaß einen Pass der „C.S.R.". Er war 1911 in Freiberg zum evangelisch-lutherischen Bekenntnis übergetreten, da seine Frau evangelische Christin und Nichtjüdin war, und hatte mit ihr vier in Freiberg geborene Kinder, die älteste 1916 geboren, der jüngste 1923. Er hatte im österreichischen Heer am 1. Weltkrieg teilgenommen. Von Beruf Frisör, versorgte er seine große Familie als Vertreter eines großen Weinhauses aus Bingen am Rhein – bis zur Nazizeit offenbar durchaus mit Erfolg. Die Freiberger Polizeibehörde bescheinigte ihm ein bescheidenes *„unauffälliges Leben"*, ein *„lauteres Geschäftsgebaren"*, *„Zuvorkommenheit gegenüber den Behörden"* und patriotische, aber unpolitische Gesinnung auch gegenüber der *„Regierung des nationalen Aufbruchs"*. Er hoffte – wie so viele assimilierte Juden in Deutschland – auch nach der nationalsozialistischen Machtergreifung darauf, seine Familie weiter ernähren zu können, wenn auch zweifellos unter schwierigeren Bedingungen. Die Hoffnung, der Rassenwahn der Nazis werde wenigstens Ausnahmen kennen, erwies sich schnell als trügerisch. Absehbar war, dass die Nazis keine Ausnahmen zulassen würden.

Wo gesetzliche Regelungen noch fehlten, griffen sie zu Denunziation und Verleumdung. Auch Freud bekam davon einen Vorgeschmack. Die Freiberger NS-Führung meldete *„erhebliche Bedenken"* gegen die weitere Gewerbegenehmigung für Freud an, da er schon *„vor der Machtübernahme aus seiner marxistischen Einstellung kein Hehl"* gemacht habe und durch sein *„anmaßendes und unfreundliches Wesen"* auffalle. Der auf das Gewerbeamt ausgeübte Druck wurde so stark, dass sich schließlich Oberbürgermeister Dr. Hartenstein veranlasst sah, im Februar 1938 amtsoffiziell den Verleumdungen des Weinvertreters Freud durch die örtliche NSDAP-Gefolgschaft zu widersprechen. In einem Schreiben an das sächsische Wirtschaftsministerium begründete er seine Entscheidung, die Gewerbelegitimation an Freud auch weiter zu erteilen: Freud sei *„nicht schlecht beleumdet"* und selbst die *„KL der NSDAP"* [30]könne *„keine Gründe angeben, die für die Ablehnung der Legimitationskarte gereicht hätten"*. Mit dem „Gesetz zur Änderung der Gewerbeordnung für das Deutsche Reich" schlossen die Nazis am 6. Juli 1938 jedoch endgültig alle Juden von der Ausübung eines Gewerbes aus. Für Max Freud begann ein verzweifelter Kampf um seine Existenz. Die Akten belegen, dass Dr. Hartenstein immerhin versuchte, Freud vor dem beruflichen und familiären Ruin zu bewahren. Sofort nach Erlass des Gesetzes forderte der Oberbürgermeister Freud in einem persönlichen Gespräch auf, *„seine Firma zu dem Nachweis zu veranlassen, dass für ihn ein arischer Vertreter bisher nicht gefunden werden konnte"*. Die (übrigens auch heute wieder im Freiberger Raum vertretene) Weinfirma A. Weigand aus Bingen am Rhein reagierte umgehend: es blieb nicht bei einer nur förmlichen Bestätigung. Der Unternehmens-Chef, der nach der „Arisierung" einer jüdischen Vorgängerfirma alle jüdischen Angestellten übernommen hatte und entgegen den Nazigesetzen gewillt war, sie weiterzubeschäftigen, verwandte sich für Freud. Man möge *„in Betracht ziehen, dass Herr Freud in den Reihen der in jener Zeit mit uns verbündeten k. k. Armee den ganzen Feldzug mitgemacht hat"*.

Dr. Hartenstein war über die inzwischen hoffnungslose Lage Freuds gut informiert. Jener konnte Schulden nicht mehr abtragen, die u. a. aus der Versorgung für einen seiner Söhne resultierten, der geistig behindert war. Seit Monaten ohne Einkommen, lebte er vom Verkauf seiner Wohneinrichtung.

Voller Verzweiflung schrieb Max Freud im März 1939 an Dr. Hartenstein: *„Mein Weg, Herr Oberbürgermeister, ist schon bestimmt, ich ziehe die logischen Konsequenzen der heutigen Zeit, nur möchte ich meine Frau, die ich durch die Heirat als Nichtarier unglücklich gemacht habe dadurch retten bzw. dieser heroischen, doch heute asthmakranken Frau das Brot durch ihren Pflegesohn wiedergeben."* Er erbat als letzte Gunst die Erlaubnis, den „arischen" Pflegesohn seiner zweiten Frau als Nachfolger bei Verzicht auf eigenes Einkommen wenigstens einarbeiten zu dürfen. *„Ich wäre dadurch, dass ich nun auch moralisch ganz erledigt bin, gar nicht mehr fähig zu arbeiten."*

Dr. Hartenstein erteilte die Erlaubnis, zweifellos wissend, dass seine Hilfsbemühungen im Geflecht von judenfeindlichen Paragrafen und hasserfüllter Verleumdung einer Diktatur, in deren Dienst und Abhängigkeit er sich selbst begeben hatte, gescheitert waren.

Selbst diese elementare menschliche Geste ging Judenhassern in Freiberg noch zu weit. Freud wurde denunziert.

Am 20. Juli 1939 ließ der Vorsitzende des sächsischen Weinbauwirtschaftsverbandes das Gewerbeamt Freiberg wissen, dass eine *„Freiberger Weinverteilerfirma"* mitgeteilt habe, der *„Jude Max Freud, Freiberg, früherer Weinvertreter"* habe neuerdings bei einem Brand-Erbisdorfer Gastwirt *„Wein angeboten, vielleicht auch verkauft, ferner besitzt der Genannte auch noch einen Kraftwagen, obwohl doch Juden das Halten von Kraftwagen verboten ist"*. Es werde gebeten, *„das weitere zu veranlassen, damit ihm der Weinverkauf unterbunden wird."*

Weinbauwirtschaftsverband Sachsen

Weinbauwirtschaftsverband Sachsen, Dresden A 24, Schnorrstraße 10

Dresden A 24, Schnorrstraße 10

An das

Gewerbeamt der Stadt Freiberg

Freiberg /Sa.

Fernsprecher 47511

Bankkonto: Nr. 5413 Sächs. Land-
wirtschaftsbank A.-G., Dresden A 1,
Prager Straße 27

Eingegangen
21. JULI 1939
beim Oberbürgermeister
zu Freiberg i. Sa.

Beantwortung nur möglich bei Angabe
des Geschäftszeichens

Ihr Zeichen	Ihr Schreiben vom	Unser Zeichen	Tag
--	--	C 370	20.Juli 1939.

Betrifft:

Von einer Freiberger Weinverteilerfirma ging mir folgende Mitteilung zu:

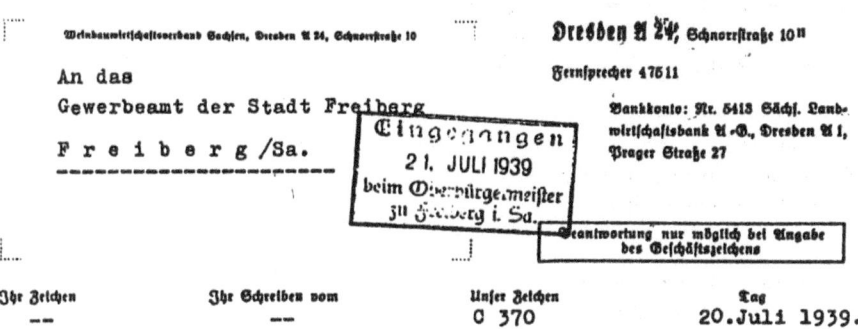

"Nach mir heute gewordenen Mitteilungen hat der Jude ▮▮▮
▮▮▮▮▮ , Freiberg, früherer Weinvertreter, bei Herrn
Stange, Gasthof zur Zufriedenheit, Brand-E., neuerdings
Wein angeboten, vielleicht auch verkauft, ferner besitzt
der Genannte auch noch einen Kraftwagen, obwohl doch Juden
das Halten von Kraftwagen verboten ist.
Ich bitte Sie höfl., das weitere zu veranlassen, damit ihm
der Weinverkauf unterbunden wird."

Ich bitte Sie, das hier Notwendige zu veranlassen und insbesondere um Mitteilung, ob die mir gemachte Meldung den Tatsachen
entspricht, insbesondere, dass der Jude ▮▮▮▮▮ noch immer
als Weinhandelsvertreter tätig ist.

Heil Hitler !
Der Vorsitzende
des Weinbauwirtschafts-Verbandes
Sachsen
im Auftrag

39

Obermarkt 5

HIER WOHNTE
FRIEDA MANASSE
GEB. LEWY
JG. 1876
DEPORTIERT 1941
ERMORDET 4.5.1942
IN CHELMNO

Der Freiberger Obermarkt im August 1936 im „Hakenkreuz-Schmuck",
Quelle: Fotothek des Stadt- und Bergbaumuseums Freiberg, F13707

Im Haus Obermarkt 5 (damals als Nr. 3 gezählt) wurde am 10. Januar 1876 **Frieda Lewy** als Tochter des Kaufmanns Emanuel Lewy und seiner Ehefrau Henriette, geb. Goldstaub aus Brüx (heute Most) geboren. Emanuel Lewy war – nach jetzigem Erkenntnisstand – zwar nicht der erste Jude, der sich nach Aufhebung des Ansiedlungsverbots für Freiberg im Jahr 1846 hier niederließ, wohl aber der erste, dessen Ansiedlung dauerhafter erfolgte. Jedenfalls findet sich im Freiberger Adressbuch von 1873 erstmals unter Emanuel Lewy der Eintrag: „Theilhaber des unter der Fa. ´Mayer & Comp.´bestehenden Herrengarderobengeschäfts Bertheldsdorfer Str. 101 B; Geschäftslokal Erbische Str. 16" (historische Nummerierung – M.D.). Für 1876 wurde die Wohnung Obermarkt 3 (heute 5) vermerkt, wo Tochter Frieda geboren worden war; 1879 dann eine Wohnung am Wernerplatz, bevor für 1881 schließlich der Eintrag „Kaufmann, Erbische Str. 21" nachzulesen ist. Ein Jahr später, 1882, verließ das Ehepaar Lewy mit der inzwischen 6jährigen Tochter Frieda Freiberg und zog nach Dresden. Wie viele andere Juden suchte auch Frieda Lewy möglicherweise Ende der 30er oder zu Beginn der 40er Jahre Schutz in der Anonymität einer Großstadt wie Berlin. Ihre letzte Wohnadresse war der Prenzlauer Berg. Doch auch sie entkam der bürokratischen Akribie der Judenverfolgung der Nazis nicht. Frieda Lewy hatte sich inzwischen mit einem Herrn **Manasse** verehelicht. Wann und wo sie geheiratet hat, ist unbekannt.

Am 27. oder 29.10.1941 wurde sie – zusammen mit 1.009 anderen Menschen – vom Bahnhof Berlin-Grunewald aus in das völlig überfüllte Ghetto Łodz (Litzmannstadt) deportiert. Sie kam bereits mit der ersten „Evakuierungs"- Welle der sogenannten „deutscher Reichsjuden" in den Osten. Von dem Ghetto Litzmannstadt gingen im Frühjahr 1942 immer wieder Transporte von Ghettoinsassen in das KZ Kulmhof (Chelmno).

Hier experimentierte die SS seit dem 6. Dezember 1941 mit eigens zur Vergasung umgebauten Lastkraftwagen, um eine „effektive" Methoden des Massenmordes zu erproben.[32] Ein SS-Untersturmführer Dr. Becker gab am 16. Mai 1942 in einem Schreiben an SS-Obersturmbannführer Walter Rauff im Reichssicherheitshauptamt, folgende „Empfehlungen": „Die Vergasung wird durchweg nicht richtig vorgenommen. Um die Aktion möglichst schnell zu beenden, geben die Fahrer durchweg Vollgas. Durch diese Maßnahme erleiden die zu Exekutierenden den Erstickungstod und nicht wie vorgesehen, den Einschläferungstod."[33]

Ein hausinternes RSHA-Dokument vom 15. Juni 1942 über „Technische Abänderungen an den im Betrieb eingesetzten und an den sich in Herstellung befindlichen Spezialwagen", besagtem SS-Mann Rauff vorgelegt, bescheinigte für die im Vernichtungslager Kulmhof eingesetzten Wagen: „Seit Dezember 1941 wurden beispielsweise mit 3 eingesetzten Wagen 97000 verarbeitet, ohne daß Mängel an den Fahrzeugen auftraten." [34]

Wann Frieda Manasse vom Ghetto Litzmannstadt (Lodz) nach Kulmhof (Chelmno) deportiert wurde, ist nicht bekannt. Sicher aber ist, dass sie am 4. Mai 1942 dort als „nicht arbeitsfähig" in einem solchen Gaswagen „verarbeitet" worden ist.

Poststraße 16

HIER WOHNTEN
MAX PINKUS
JG. 1887
DEPORTIERT 1942
ERMORDET IN RIGA

GRETE PINKUS,
GEB. DOBKOWSKY
JG. 1893
DEPORTIERT 1942
ERMORDET IN RIGA

WERNER ´WILLY´ PINKUS
JG. 1926
FLUCHT 1939
KINDERTRANSPORT
ÜBERLEBT

Das Ehepaar **Max und Grete Pinkus** führte in der Poststraße 16 einen „*Wollwaren- und Trikotagenhandel*". Grete war die Tochter der in Freiberg nach der Jahrhundertwende bekannten jüdischen Kaufmannsfamilie Dobkowsky. **Sally** (geb. 1863) und **Franziska Dobkowsky** (geb. Brotzen 1864) waren 1901 aus Ostpreußen (Allenstein, heute: Olsztyn) nach Freiberg zugezogen.

Das Ehepaar hatte sechs Kinder: **Arno** (Aron), **Betty, Toni, Grete, Frieda und Theo.** Grete wurde am 10. Februar 1893 in Allenstein geboren und heiratete 1921 in Freiberg Max Pinkus, geboren am 21.März 1887 in Gatersleben bei Quedlinburg. 1922 übernahmen sie das Textilgeschäft der Eltern in der Poststraße, nun bekannt unter dem Namen **„Dobkowsky & Co."**.

Sally und Franziska Dobkowsky,
Aufnahme ca. 1890;
Quelle:Archiv Düsing

Das Geschäft lief nach dem Machtantritt der Nazis immer schlechter. Nur noch heimlich wagten Freiberger ihren Einkauf dort. Als der Naziterror seinem vorläufigen Höhepunkt zusteuerte, verstarben die Eltern, Mutter Franziska 1936, Vater Sally 1939.[35] Anwohner des Hauses versuchten, der Familie durch kleine Aufmerksamkeiten zu helfen. Ihr Geschäft aber war ruiniert. Sie verloren ihre wirtschaftliche Existenz.

Verzweifelt versuchten Max und Grete einen Ausweg aus der immer bedrohlicheren Lebenssituation zu finden. Flucht war undenkbar.

Aber es gelang ihnen, ihren Sohn Werner im Frühjahr 1939 mit einem Kindertransport nach England zu retten.[36]

Der heute in Israel lebende Sohn schrieb vor Jahren nach Freiberg: „*Ich bedauere sagen zu müssen, dass ich nichts über meine lieben Eltern Max und Grete gehört habe. Ihre Briefe, die mir durch das Rote Kreuz zugeschickt wurden, hörten mit dem Ausbruch des Krieges auf anzukommen.*

Poststraße, am linken Bildrand ist das Textilgeschäft Dobkowsky in der Poststraße 16, erkennbar, hist. Aufnahme; Quelle: Archiv Düsing

Grete und Werner Pinkus, 1937 in Freiberg;
Quelle: Archiv Düsing

Ursula Dobkowsky, heute Ester Golan,
kurz vor dem Kindertransport nach England,
Aufnahme um 1938 in Berlin;
Quelle: Archiv Düsing

Nach dem Ende der Feindseligkeiten gelang es mir nicht, irgendwelche zuverlässigen Informationen zu bekommen."[37] Lutz Rosenthal, der als 14jähriger mit seiner Mutter Julia und den Großeltern Nathan und Leonore Wangenheim 1937 nach Palästina flüchten konnte[38], glaubte nach dem Krieg gehört zu haben, die Eltern Pinkus seien auf einem Deportationsschiff der SS nach Riga 1943 umgekommen, als dieses torpediert wurde, und schilderte diese Vermutung auch in einem Brief in den 90er Jahren an den Autor. Die Stolpersteine für Max und Grete Pinkus tragen daher auch diese – sehr wahrscheinlich nicht korrekte – Inschrift:

> „DEPORTIERT. RIGA.
> TRANSPORTSCHIFF.
> VON SS VERSENKT 1943.
> ERTRUNKEN").

Inzwischen belegen jedoch intensivere Recherchen sowohl im Bundesarchiv wie auch in der Opferdatei der Holocaust-Gedenkstätte Yad Vashem in Jerusalem, dass beide nicht 1943 mit einem Schiff, sondern ein Jahr früher, mit demselben Deportationstransport per Eisenbahn am 19. Januar 1942 von Berlin aus in das Ghetto Riga kamen, mit dem auch die Freibergerin Ida Wunderlich in den Tod geschickt wurde.[39]
Vermutlich hatten Max und Grete Pinkus versucht, in Berlin zusammen mit ihren Verwandten, Arno (dem Bruder von Grete) und Elsbeth Dobkowsky, die 1937 vom niederschlesischen Glogau (heute: Głogów) aus nach Berlin gekommen waren, in der Großstadt rettende Lösungen – vor allem für die Kinder – zu finden.

Deren Tochter Ursula (Ester), Werners Cousine, und Ursulas Geschwister Peter und Marianne-Renate wurden, zusammen mit Werner, im März 1939 mit dem gleichen Kindertransport von Berlin aus nach England gerettet. Auch Ursulas (Esters) Eltern überlebten nicht. Sie wurden in Theresienstadt bzw. Auschwitz ermordet.

Noch bis 1942 hatte Ursula (Ester) über das Internationale Rote Kreuz Briefe ihrer Eltern erhalten, bis der Kontakt endgültig abbrach.

Ester Golan, wie die heute in Jerusalem lebende Autorin inzwischen heißt, bewahrte diese Briefe auf und veröffentlichte sie 1995 in dem ergreifenden Buch „*Auf Wiedersehen in unserem Land*".

Sie schildert darin die furchtbaren Erlebnisse der Trennung der Kinder von ihren Eltern, die Hoffnung, die Eltern wieder zu sehen und die Tragik, nach dem Krieg von der Ermordung der Eltern und unzähliger Verwandter erfahren zu müssen.[40]

Arno und Elsbeth Dobkowsky;
Hochzeitsreise, Aufnahme in Dresden;
Quelle: Archiv Düsing

„*Ich selbst wurde …von einer englisch-jüdischen Familie adoptiert*", schrieb Werner Pinkus, der seitdem „Willy" genannt wurde. „*Ich blieb bis 1947 in England und ließ mich dann in Palästina, dem späteren Israel, nieder.*"[41]

Von den sechs Kindern der Eltern Sally und Franziska Dobkowsky gelang nur Betty die Flucht. Sie hatte in eine bekannte jüdische Familie nach Bremen geheiratet und konnte noch rechtzeitig mit ihren drei Söhnen auswandern. Frieda verstarb sehr jung an Tuberkulose. Toni (geb. am 16.11.1898) heiratete lange vor dem Krieg den Dorfschullehrer Erich Kaltofen im erzgebirgischen Drebach und trat zum Christentum über.
Es half ihr nichts.
Sie wurde 1942 nach Theresienstadt deportiert und fand in Auschwitz 1943 ihren Tod.
Ihre Tochter Marianne entkam über Frankreich nach England.[42]

Bruder Theodor, der jüngste der Geschwister, im I. Weltkrieg Offizier im kaiserlichen Heer und mit dem Eisernen Kreuz ausgezeichnet, war in der sog. „Reichskristallnacht" im November 1938 verhaftet und in das KZ Buchenwald verschleppt worden. Er wurde nach einigen schrecklichen Wochen entlassen, da er Auswanderungspapiere nach Ecuador vorweisen konnte. Dort, im Exil, verstarb er 1963 an den Folgen der im KZ erlittenen Torturen.[43]

Wie Aviva Lynton, Tochter von Werner Pinkus, besuchte auch ihre Tante, Ester Golan, inzwischen mehrfach Freiberg, die Stadt der Großeltern.

Im November 2005 gab es eine bewegende Begegnung des Autors mit Werner „Willy" Pinkus und Tochter Aviva anlässlich der in Ness Ziona, der Partnerstadt Freibergs, gezeigten CJD-Ausstellung „Jüdische Familien in Freiberg – Dokumentation und Erinnerung".[44]

Werner (Willy) Pinkus besucht mit Tochter Aviva Lynton im November 2005
die CJD-Ausstellung in der israelischen Partnerstadt Ness Ziona;
Quelle: Archiv Düsing

„*Die Verlegung der Stolpersteine für meine Großeltern Max und Grete Pinkus und für meinen Vater Werner, der überlebt hat und mit uns in Israel lebt, ist eine große Erfüllung für uns. Ich bin zutiefst dankbar dafür, dass ich diese Ehrung und Erinnerung in Freiberg zusammen mit meinem Mann Eric erleben konnte, einerseits wegen der persönlichen Bedeutung, die diese Steine für uns selbst haben, zugleich aber auch, um unseren großen Respekt für alle Ihre Anstrengungen zur Realisierung dieses Gedenkens auszudrücken*".

Diese Zeilen schrieb Aviva Lynton, Tochter von Werner Pinkus, an die Freiberger Initiatoren nach ihrem Besuch in Freiberg im Juli 2007 anlässlich der Verlegung der Stolpersteine für ihre Großeltern und den Vater.[45]

Günther Wunderlich übergibt Aviva Lynton ein Klassenfoto mit ihrem Vater Werner Pinkus anlässlich der Verlegung von Stolpersteinen am 6. Juli 2007 in der Freiberger Poststraße;
Foto: Fl.-A. Sabath

Silberhofstraße 24

HIER WOHNTE
IDA DUX
GEB. WEHLE
JG. 1869
DEPORTIERT 1942
THERESIENSTADT
1942 TREBLINKA
ERMORDET 15.4.1943

Das prachtvolle Haus in der **Silberhofstraße, die Nr. 24** an der Ecke zur Schönlebestraße, gehörte seit 1921 der **Fabrikantenfamilie Richard und Ida Dux**. Es war 1905 von Baumeister Richard Göpfert erbaut worden.[46]

Richard Dux (geb. 1856 in Neuötting/heute: Nova Včelnice) war 1907 aus Böhmen nach Freiberg zugezogen und betrieb einen Düngemittelhandel (Guano-Fabrik). Er hatte 1891 in Prag seine Ehefrau Ida, 1869 dort geborene Wehle, geheiratet. Er gehörte bald zu den angesehenen und einflussreichen Freiberger Unternehmern. Einer seiner engeren Freunde, Oberingenieur **Albert Henochsberg**, wohnte zeitweilig, in den Jahren um den I. Weltkrieg, in der Silberhofstraße 24.

Nach dem Tod von Richard Dux 1928 wurde seine Witwe Ida Dux als Hauseigentümerin im Freiberger

Silberhofstraße 24,
aktuelle Aufnahme;
Foto: Michael Düsing

Adressbuch geführt. Sohn Leo Dux, noch im böhmischen Welin im Jahr 1900 geboren, führte die Firma in Brand-Erbisdorf (Schellenweg) bzw. später in Conradsdorf weiter. Ihm und seiner 1893 geborenen älteren Schwester Else Dux gelang vermutlich – trotz widersprechender Quellen - während der Nazi-Herrschaft die Flucht aus Deutschland.[47]

Mutter Ida Dux kam nicht mehr aus Deutschland heraus.

Sie verließ Freiberg und zog um 1939 in ihre Geburtsstadt Prag. Von dort wurde sie – hoch betagt im Alter von 71/72 Jahren – am 2. Juli 1942 in das Ghetto Theresienstadt deportiert und von dort aus im Herbst 1942 in das Vernichtungslager Treblinka. Laut Todeserklärung

vom 17.April 1949, ausgestellt vom Bezirksgericht für Zivilsachen in Prag I, Abt. XLVIII, wohnte sie zuletzt in Prag VII, U Smaltovny Nr. 1375. Sie sei *„als Folge der rassischen Verfolgung seit dem 15.Sept. 1942 vermisst, seitdem sie aus Theresienstadt nach Treblinka deportiert wurde"*. Als Tag des Todes wird der 15. April 1943 angenommen, der *„letzte Tag der Frist…, deren Ablauf die Annahme begründet, dass die Vermisste verstorben ist"*.[48]

Die Familie des Oberingenieur A. Henochsberg,
Quelle: Fotothek, Stadt- und Bergbaumuseum Freiberg

Weisbachstraße 23

HIER WOHNTEN
PAULA BRÜCK
GEB. TAUBENSCHLAG
JG. 1885
DEPORTIERT 1942
ERMORDET 1942
IN AUSCHWITZ

ABRAHAM GEORG WOLFF
JG. 1879
VOR DER DEPORTATION
FLUCHT IN DEN TOD
22.1.1942

META SOPHIE WOLFF
GEB. TAUBENSCHLAG
JG. 1887
VOR DEPORTATION
FLUCHT IN DEN TOD
25.1.1942

DOROTHEA GRAY
GEB. WOLFF
JG. 1925
KINDERTRANSPORT 1939
NACH ENGLAND
ÜBERLEBT

MANFRED WOLFF
JG. 1920
KINDERTRANSPORT 1939
NACH ENGLAND
ÜBERLEBT

Die Familien Taubenschlag und Wolff gehörten zu den angesehenen Freiberger Fabrikantenfamilien. Ihr Ursprung geht zurück auf das galizische Tarnau (Tarnów), in Südostpolen gelegen und bis 1918 zu Österreich gehörend. Von den sieben Geschwistern von Salomon und Frimet Taubenschlag lassen sich die Familienzweige von zwei Söhnen bisher wieder finden: der von Sohn Isidor, der nach Jastrow (poln.: Jastrowie) in Westpreußen ging, und der von Sohn Meyer (auch Mayer oder Meïr) Taubenschlag, dessen Spur über Jastrow und Dresden nach Freiberg führte. **Meyer Taubenschlag** wurde 1855 in Jastrow/Westpreußen geboren. Er heiratete dort 1883 **Fanny** Rothenberg (ebenda geboren 1859) und muss in den 80er Jahren des 19. Jahrhunderts nach Freiberg gezogen sein. Zunächst Enge Gasse 23 wohnend, kaufte er bald die Villa in der Weisbachstraße 23. 1886 bis 1901 wird Meyer Taubenschlags „*Schnittwaren- und Bettfederhandlung*" in der Enge Gasse 2 genannt, ab 1901 bis 1905 eine „*Manufaktur für Kurz-, Weißwaren und Wirtschaftsartikel*" in der Borngasse 6, ab 1902 bis 1911 schließlich die Fabrikation von Holzartikeln in der „*Gardinenleistenfabrik M.S. Taubenschlag*" in der Borngasse 11, die später (lt. Adressbuch ab 1905) ihr Domizil in der Frauensteiner Straße 13 (Eingang: Schmiedestraße) fand. Das Ehepaar Meyer und Fanny Taubenschlag hatte acht Kinder: fünf Söhne und drei Mädchen. 1911 starb Meyer Taubenschlag; seine Frau Fanny folgte ihm 1912. Beide haben ihre letzte Ruhestätte bis heute auf dem Neuen Israelitischen Friedhof in Dresden.

Grabstein von Meyer und Fanny Taubenschlag auf dem Neuen Israelitischen Friedhof in Dresden; Foto: Heike Liebsch

Die Firma fiel durch Erbschaft an die Kinder Selmar, Meta Sophie und Frieda. Zwei Söhne, **Selmar** und **Erhardt**, fielen als Soldaten im 1. Weltkrieg – Selmar schon am Beginn des deutschen Feldzugs im November 1914 in Belgien; Erhardt, erst 20jährig, wurde 1918 in Frankreich vermisst, schließlich 1920 auf einem deutschen Militärfriedhof in Frankreich begraben.

Das älteste Kind der Taubenschlags war **Paula,** die 1886 in Johannisburg in Ostpreußen geboren wurde. Ab 1906 arbeitete sie als Damenschneiderin in der Borngasse 6, einem Haus, das den Taubenschlags bis 1921 gehörte. Am 12.Dezember 1910 heiratete sie in Freiberg den Breslauer Kaufmann **Max Brück.** Bis dahin mit in der Weisbachstraße 23 wohnend, zog sie mit ihrem Ehemann in dessen Heimatstadt. In Bres-

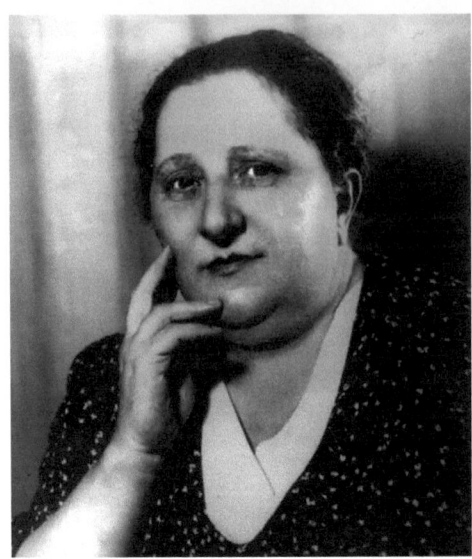

Paula Brück, geb. Taubenschlag;
Quelle: Archiv Düsing

Familie Brück: Max und Paula Brück mit
ihren Söhnen Herbert, Günther und Werner;
Quelle: Archiv Düsing

lau arbeitete sie im Geschäft ihres Mannes mit und führte es seit der Zeit des 1. Weltkrieges allein, da Max Brück seinen Kriegsdienst an der Front leistete und danach als Folge dieses Kriegseinsatzes schwer leidend war. Sie muss sehr erfolgreich gewesen sein, denn überliefert ist, dass sie in Breslau eine hoch angesehene, wohlhabende und als tüchtig bekannte Persönlichkeit war.

Das Ehepaar hatte drei Söhne: Herbert, Günther und Werner.
Max Brück verstarb schon 1926 in Breslau. Paula Brück wurde nun zur Allein-Inhaberin der „*Textil- und Manufactur-Großhandlung Max Brück*". Die Witwe und ihre Söhne gerieten, wie alle Juden, nach der Machtergreifung der Nazis in dramatische Notlage. Paula Brück richtete in zwei Zimmern ihrer Wohnung in der Breslauer Wallstraße nun eine Kleiderfa-

brikation ein und konnte dabei auf ihre, in der Jugend erworbenen Fähigkeiten als qualifizierte Zuschneiderin zurückgreifen. Ihr Diplom, erworben an der Dresdner Zuschneide-Akademie, hing eingerahmt in der Werkstatt. Bis zur Nazi-Zeit war die Werkstatt mit immerhin zwölf elektrischen Nähmaschinen ausgerüstet und sie hatte eine entsprechende Anzahl Näherinnen beschäftigt.

Da die Geschäfte durch den Judenboykott immer schlechter liefen, zog sie mit ihren Söhnen in eine kleinere Wohnung und übernahm die schlesische Generalvertretung der sächsischen Korsett- und Leibbindenfabrik **Herbert Karbe** in Freiberg, zu dem sie weiter engste Beziehungen unterhielt. Schließlich wurde auch diese Erwerbsmöglichkeit durch die Nazis unterbunden.

Zur „Reichskristallnacht" am 9. November 1939 wurde die Wohnung der Familie Brück, inzwischen in der Freiburger Straße in Breslau, durch SA-Schläger schrecklich verwüstet. Alle Wertgegenstände, Kristall, Porzellan oder wertvolle Ölgemälde wurden zerstört oder geraubt.[49] Sohn Herbert wurde in das KZ Dachau geworfen, konnte aber nach seiner Entlassung 1939 nach England entkommen. Seinen Brüdern Günther und Werner war bereits 1938, vor dem Novemberpogrom, die Flucht nach Südamerika gelungen. Ihre verzweifelten Versuche, auch ihre Mutter zu retten, scheiterten.

Paula Brück blieb allein zurück. Im November 1941 wurde Paula Brück, zusammen mit weiteren Breslauer Juden, in ein Ghetto verschleppt, das in der Nähe von Breslau, im Örtchen Riebnig (heute Rybna), Post Stoberau, bei Brieg (Brzeg) im Südwesten Polens errichtet worden war und von den Nazis als „*Jüdische Wohngemeinschaft*" verharmlost wurde.

Deren eigentlicher Zweck war, als Sammellager für Juden aus Breslau und Umgebung vor der Deportation nach Auschwitz zu fungieren. Ihre letzte Nachricht stammt vom 24. Januar 1942. Es ist ein Brief Paula Brücks aus dem Ghetto Riebnig an Berliner Bekannte. Er gehört zu den erschütterndsten Dokumenten, die im Zusammenhang mit den Recherchen nach dem Schicksal Freiberger Juden bekannt geworden sind. Steven Bruck, ihr in England lebender Enkel, Sohn von Paulas Sohn Herbert, brachte ihn am 28. September 2010 mit, als er und zwei weitere Enkel der Familien Taubenschlag / Wolff zur Verlegung von Stolpersteinen für Paula Brück und die Familie Wolff nach Freiberg gekommen waren. Paula Brück schrieb:

„Sie werden sich gewiss wundern von mir einen Brief zu erhalten doch ist der Anlass leider ein sehr trauriger. Von meiner Schwester Meta nebst Mann erhielt ich soeben einen sehr kurzen aber bedeutungsvollen Brief, worin sie sich von mir verabschieden um aus dem Leben zu scheiden. In dem Brief sind Sie, l. Herr Frey (Onkel Kurt) erwähnt, und nehme ich darum an, daß sich meine Geschwister mit Ihnen ausgesprochen haben werden. Ich bekam kürzlich schon einen Brief worin sie mir so schwermütig schrieben, doch antwortete ich ihnen stets in ermutigender Weise. Leider sind mir doch die Hände gebunden sonst wäre ich ja doch einmal nach Berlin gekommen....Leider ist ja doch aber die Zeit jetzt eine andere und es ist meinerseits nichts zu machen, denn nur mit meinem persönlichen Einfluß hätte ich diesen beiden Menschen

helfen können…Ich hoffe ja immer noch, daß sie vielleicht doch nicht zur Verwirklichung der schrecklichen Tat gekommen sind und vielleicht, der l. Gott soll es geben, gerettet worden sind. Jedenfalls wäre ich Ihnen doch sehr dankbar wenn Sie mir bald Nachricht geben ob, wie und wo sich Wolffs befinden.

Ich bin nun seit 3. Nov. Hier und habe mich so gut es eben geht eingeordnet. Ich will ja doch meine Jungen noch einmal wiedersehen und dieser Gedanke erfüllt und erhält mich auch.

Das Schlimmste ist ja nur daß man jetzt so ganz ohne jede Nachricht ist, aber ich hoffe daß ich auch diese schwere Zeit überstehen werde.

Nun will ich für heute schließen. Wünsche Ihnen alles Gute und bin mit den herzlichsten Grüßen

Ihre

Paula Brück

Riebnig, Post Stoberau

über Brieg Bez. Breslau

Als Paula Brück diesen Brief verfasste, am 24. Januar 1942, war Abraham Wolff bereits einen Tag tot. Seine Frau Meta, Paulas Schwester, folgte ihm am 25. Januar. Sie hatten sich gemeinsam mit Gas vergiftet, nachdem sie den Befehl zur Deportation für den 25. Januar 1942 erhalten hatten. Auch Paulas Hoffnung, *„dass ich diese schwere Zeit überstehen werde"*, erfüllte sich nicht. Irgendwann in den nächsten Wochen oder Monaten, sehr wahrscheinlich noch im Jahr 1942, gehörte sie zu den nach Auschwitz Deportierten, die nie wiederkamen.

Reisepass für Herbert Brück, der 1939 nach England entkommen konnte; | Quelle: Archiv Düsing

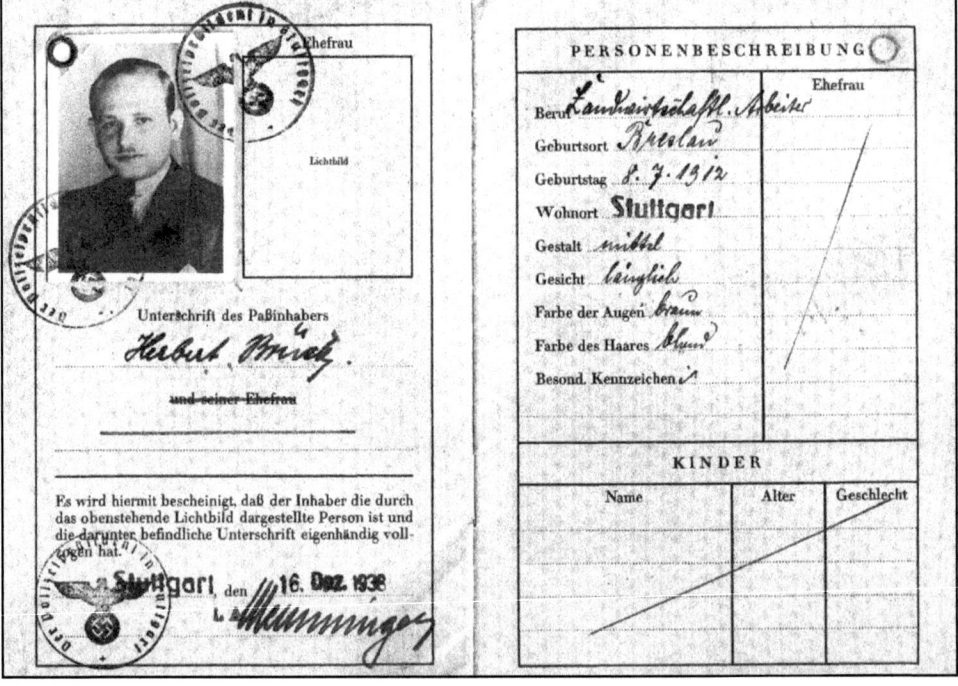

Steven Bruck schrieb im Sommer 2010 an den Autor: „*Mein Vater Herbert (der älteste der drei Brück-Brüder) kam 1939 nach England, nachdem er nach der 'Kristallnacht' im KZ Dachau gewesen war. Er hatte es immer wieder hinausgeschoben, Breslau zu verlassen, um auch einen Fluchtplatz für seine verwitwete Mutter Paula zu sichern – genauso wie es seine Brüder taten, die unabhängig von ihm 1938 nach Südamerika entkommen waren und bis zuletzt hofften, ihre Mutter nach Montevideo nachkommen zu lassen. Meine Mutter hatte Deutschland auf ganz ähnliche Weise erst 1939 verlassen, da ihre verwitwete Mutter in der gleichen Situation war. Sie fanden eine neue Heimat in England, während Günther und Werner ihre Wurzeln in Montevideo/Uruguay schlugen. Als der Krieg ausbrach und es klar wurde, dass meine Eltern nichts mehr tun konnten, um ihre Mütter zu retten, heirateten sie 1940 in England. Die drei Brüder, Herbert einerseits und Günther und Werner andererseits, waren über tausende Meilen voneinander getrennt, aber sie blieben in Verbindung und die geteilte Familie blieb bis zum heutigen Tag eine starke Familie. Im Dezember des letzten Jahres waren meine Frau und ich in Montevideo, um Günthers 90. Geburtstag zu feiern. Er ist der letzte noch lebende Sohn von Paula. Wir alle stehen in regelmäßigem Kontakt. Dieser starke Familiensinn war Paulas Geschenk an uns, die wir sie nie kennenlernen durften. Ihre drei Söhne liebten sie mit einer bemerkenswerten Hingabe, die für uns Beispiel gebend und dauerhaft war. Großmutter wurde mir als eine wundervolle und aufopferungsvolle Mutter beschrieben. Und es ist für uns alle ein großer Verlust, dass wir sie nie kennenlernen konnten. Die drei Brüder, die während des Krieges nie die Hoffnung aufgaben, dass ihre Mutter überlebt, waren nach dem Kriegsende am Boden zerstört, als sie von ihrem Tod in Auschwitz erfahren mussten. Das gleiche Schicksal hatte die Mutter meiner Mutter ereilt…Ich bin sehr dankbar, von den Plänen zu erfahren, am 28. September 2010 mit einem Stolperstein auch an Paula Taubenschlag, unsere Großmutter, zu erinnern.*"[60]

Marcel Bruck mit Ehefrau Sharon im September 2010 in Freiberg | Foto: Michael Düsing

Steven Bruck mit Ehefrau Miriam im September 2010 in Freiberg | Foto: Michael Düsing

Frieda Taubenschlag, geboren 1890 in Freiberg, heiratete am 10. April 1919 den Kaufmann Harry Brodziak in Freiberg. Sie konnten 1939 nach Bolivien fliehen. Dort starb 1942 ihr Ehemann. Frieda Brodziak emigrierte später in die USA.

Arno Taubenschlag, geboren 1892 in Freiberg, besuchte von 1903 bis 1909 das Realgymnasium Freiberg und absolvierte eine Kaufmannslehre. Er starb, erst 18jährig, im März 1913 in Freiberg. Sein Grabstein befindet sich auf dem Neuen Israelitischen Friedhof in Dresden. **Walter Taubenschlag**, 1895 in Freiberg geboren, erlernte ebenfalls den Beruf eines Kaufmanns und war aktiver Frontsoldat im 1. Weltkrieg. 1919 geriet er in amerikanische Kriegsgefangenschaft. 1923 zog er nach Breslau. Er war mit Henny Memisohn (1903 in Breslau geboren) verheiratet. 1929 wurde dort ihre Tochter Steffi geboren. Die Familie floh im Juni 1939 nach Schanghai/China.

Charlotte, die jüngste Taubenschlag-Tochter, 1899 in Freiberg geboren, wurde Geigerin und zog nach Breslau. Ihr Großneffe Steven beschrieb kürzlich ihre Rolle bei der Rettung seines Vaters Herbert: *„Das Schlüsselerlebnis, das die Erfahrungen meines Vaters prägte, war die ständige Verschlechterung der Lage der Juden in Nazi-Deutschland. Zu einem frühen Stadium der Nazi-Herrschaft war mein Vater für 12 Tage von der Gestapo inhaftiert worden wegen angeblicher Verächtlichmachung eines Hitler-Bildes in der Firmenkantine. Tatsächlich war das eine erfundene Anschuldigung, die von einem antisemitischen Firmenkollegen, der Nazi war, ausgegangen war, zumal mein Vater natürlich kein so großer Held war, so etwas fertigzubringen. Er kam aus der Haft wieder heraus, nicht etwa, weil*

Marcel Bruck, Enkel von Paula Brück, geb. Taubenschlag, bei der Verlegung der Stolpersteine vor dem Haus Weisbachstraße 23 am 28. September 2010 | Foto: Sharon Bruck

seine Unschuld bewiesen worden wäre, sondern weil seine Tante Charlotte mit allen Kriegsorden des Onkels zur Gestapo gegangen war und damit damals noch Eindruck machen konnte. Am Anfang der Nazi-Regierung konnte so etwas noch von einiger Bedeutung sein. 1938/39 hatte sich die Nazi-Politik so entwickelt, dass ein Herauskommen aus Dachau für meinen Vater nur noch möglich war, indem er nachwies, dass er das Land verlassen werde. Tante Charlotte…konnte ebenfalls nach England entkommen. Sie war meines Vaters geliebte 'Tante Lotte', die tragischerweise im Krieg während eines deutschen Luftangriffs auf Acton, London, starb.'[61]

Die zweitälteste Taubenschlag-Tochter, **Meta Sophie**, geboren 1887 in Freiberg, heiratete am 28. Dezember 1913 den Bonner Kunstantiquar und Buchhändler **Abraham Georg Wolff** in Freiberg.

Er stammte ursprünglich aus dem pommerschen Hohensalza (Inowrozław), wo er 1879 zur Welt kam. 1919, nach seiner Teilnahme am I. Weltkrieg, in dem er mit dem Eisernen Kreuz ausgezeichnet worden war, übernahm Abraham Wolff die Firma seines verstorbenen Schwiegervaters.

Da die Holzfirma sich offensichtlich nach Krieg und Inflation gut erholte und die Geschäfte erfolgreich liefen, baute A. Wolff 1926 einen neuen Standort der Fabrik an der Zuger Straße (damals Nr. 10; heute Nr. 42) auf. Am 28. August 1920 wurde Sohn **Manfred** geboren, knapp fünf Jahre später, am 25. Januar 1925, Tochter **Dorothea**. „Direktor Wolff", wie er respektvoll von Geschäftspartnern und Freiberger Bekannten genannt wurde, war ein

Abraham Wolff;
Quelle: Archiv Düsing

Meta Wolff, geb. Taubenschlag;
Quelle: Archiv Düsing

stolzer deutscher Fabrikant, geachtet und anerkannt. Seine jüdische Herkunft galt ihm wenig. Anders als andere Freiberger Juden, die zwar ebenso stolz darauf waren, assimilierte Deutsche zu sein, aber ihre jüdische Tradition stärker wahrten, legten die Wolffs wenig Wert auf jüdische Religiosität. Im Hause Wolff wurden keine jüdischen Feste gefeiert; Beziehungen und Kontakte zu anderen jüdischen Familien in Freiberg pflegten sie kaum. Sie hatten sich nahezu vollständig assimiliert. Am 10.Juni 1931 stellt Abraham Wolff den Antrag auf Aufnahme in den sächsischen Staatsverband.[52]

Und im gleichen Jahr trat das Ehepaar aus der Jüdischen Gemeinde in Dresden aus. 1933 schließlich ließ sich Abraham Wolff, der sich nun häufiger unter seinem zweiten Vornamen Georg nennen ließ, im Freiberger Dom von Pfarrer Arndt von Kirchbach taufen und trat der evangelisch-lutherischen Kirche bei. Dessen Sohn erinnerte sich 1971 noch daran: *„Als der Landeskirchenausschuss in Sachsen zustande kam, wurde Vater wieder in sein Amt als Domprediger eingesetzt. Im Sommer 1936 wurde er zum Superintendenten von Freiberg ernannt. Später hat er mir einmal erzählt, wie die Ernennung beinahe daran gescheitert wäre, dass er kurz vorher einen Juden getauft hatte.“[63]*

Ab Februar 1935 firmierte die Fabrik denn auch unter: *„Sächsische Gardinenleisten-Fabrik G. Wolff“.* Abraham Georg Wolffs besondere Tragik lag darin, nach dem Machtantritt der Nazis durchaus nicht wahrhaben zu wollen, dass den Antisemiten und Juden hassenden nationalsozialistischen Rassenfanatikern völlig gleichgültig war, als was sich ein von ihnen

Dorothea Wolff in der 2. Klasse der Körnerschule, 1932;
Quelle: Archiv Düsing

definierter „Rassejude" verstand. Abraham Wolff, der wie seine Schwäger im I. Weltkrieg für Deutschland im Feld gestanden hatte und dafür mit dem Eisernen Kreuz ausgezeichnet worden war, hielt auch nach dem Machtantritt der Nazis daran fest, seine Verdienste um Deutschland könnten denen etwas gelten. Auch sein Übertritt zum Christentum im Freiberger Dom half nichts.

Während er selbst hoffte, mit diesem Schritt ein klares, ihm nie strittiges Bekenntnis zu Deutschland und den christlichen Werten zu vollenden, wohl auch, um die um sich greifenden judenfeindlichen Demütigungen und Existenzbeschneidungen für seine Familie mildern zu können, wandten sich „arische" Bekannte von ihm mehr und mehr ab. Er habe sich „*zwischen alle Stühle gesetzt*", urteilten selbst frühere „arische" Freunde und gingen ängstlich auf Distanz.[54]

Die Nürnberger Rassengesetze hatten bereits 1935 in Paragrafen gegossen, was den Nazis alle diese Verdienste um Deutschland und alle vermeintliche oder wirkliche Assimilation wert waren. Jude blieb Jude, gleich einem Parasiten. Wie alle jüdischen Unternehmen und Geschäfte wurde auch Wolffs Firma in den Ruin getrieben und musste Ende 1938 „zwangsarisiert" werden. Am 16.03.1939 erfolgte die Abmeldung der Firma „*Sächs. Gardinenleisten Fabrik G. Wolff*" und ihre Löschung im Handelsregister.[55]

Als jüdische Schüler aus den Klassen „verschwanden", geschah dies eher nebenbei. „Arische" Familien waren davon nicht betroffen. Manfred Wolff musste im Juni 1938 das Gymnasium ohne Abitur verlassen. Dorothea Wolff durfte die Höhere Handelsschule in Freiberg, in die sie erst am 8. April 1938 aufgenommen worden war (nach ihrer Grundschulzeit an der Körnerschule), nicht weiter besuchen.

Beide waren hochbegabte Schüler, sie war eine talentierte Pianistin – ebenso wie ihr Bruder, der auf „Konzertniveau" Pianist und gleichzeitig Violinist war.

Vater Wolff weigerte sich noch im Herbst 1938, ernsthaft eine Auswanderung in Betracht zu ziehen. Er vermochte nicht zu glauben, dass das Land von Goethe und Schiller, von Bach und Beethoven, zunehmend von Rassismus und rigorosestem Antisemitismus beherrscht, sich anschickte, die Juden vollständig und ohne jede Ausnahme aus dem „deutschen Volkskörper" auszusondern.

Vielleicht beseitigte der Judenpogrom der „Reichskristallnacht" im November 1938 letzte Illusionen. Die Nazis verhafteten ihn und seinen Sohn Manfred. Während Abraham Wolff nach einigen Tagen aus der Gestapo – Haft in Dresden entlassen wurde, warfen sie den Sohn als „Sonderaktionsjuden" in das Konzentrationslager Buchenwald.

Damit suchten sie die verbliebenen wohlhabenderen Juden zur Emigration zu zwingen, selbstredend unter Zurücklassung aller verbliebenen Habe.

Das Ehepaar Wolff kämpfte verzweifelt um seine Kinder. Es gelang ihm in letzter Minute, Tochter Dorothea mit den von jüdischen und freikirchlichen Hilfsorganisationen organisierten Kindertransporten 1939 nach England in Sicherheit zu bringen. Sohn Manfred

Judenaktion, November 1938: Nach den Pogromen verhaftete Juden in Zivilkleidung sind zum Appell angetreten. Rechts im Bild: SS-Männer. Im Hintergrund rasieren Häftlinge des Friseur-Arbeitskommandos den neu eingelieferten Häftlingen die Köpfe;
Quelle: Fotoarchiv Gedenkstätte Buchenwald; © United States Holocaust Memorial Museum, Washington

wurde am 18. Januar 1939 aus dem KZ entlassen, nachdem sein Vater eine Auswanderungsmöglichkeit für seinen Sohn nach England belegen konnte.[56] Für Meta und Abraham Wolff war es da schon zu spät. Finanziell und in der wirtschaftlichen Existenz am Ende, brachten sie wahrscheinlich die enormen Summen nicht mehr auf, die das Nazireich den Juden als „Reichsfluchtsteuer" auferlegte, wenn diese noch eine der immer schwieriger zu erlangenden Gelegenheiten zur Auswanderung fanden. Wahrscheinlich um 1940 gingen die Wolffs nach Berlin und kamen bei ihrer großen Berliner Verwandtschaft unter. Zweifellos hofften sie, in der Anonymität der Großstadt besseren Schutz zu finden. Vergeblich. Als Meta und Abraham Wolff den Deportationsbefehl „in den Osten" erhielten, nahmen sie sich am 22./23. Januar 1942 das Leben. Noch am gleichen Tag verstarb Abraham an einer Gasvergiftung. Seine Frau Meta starb zwei Tage später. Viele der Berliner Verwandten wurden Opfer des Völkermords der Nazis. Die Kinder sahen ihre Eltern nie wieder. Tochter Dorothea war für kurze Zeit in England Krankenschwester. In Birmingham traf sie ihren späteren Ehemann, einen nicht-jüdischen Polen aus der Nähe von Krakau. Er hatte in der Nazizeit

Dorothea und Manfred Wolff in den 50er Jahren in London; Quelle: Archiv Düsing

Furchtbares durchlitten. Er war unmittelbar nach dem Einmarsch der Deutschen im September 1939 als Priesterschüler verhaftet worden (im Zusammenhang mit den Aktionen der Deutschen zur Vernichtung der polnischen Oberschicht, ihrer Intelligenz, der Lehrerschaft und der Priester). Für einige Monate wurde er in das KZ Dachau gebracht und kam von dort in das KZ Gusen, ein Außenlager des KZ Mauthausen. Dort musste er unter höllischen Bedingungen im Steinbruch arbeiten, *„wo er umgekommen wäre, wenn er dort geblieben wäre"*, wie der Sohn von Dorothea und Stan Gray, Richard Gray, geb. 1955, kürzlich schrieb.[57] Nach fünf Jahren Qualen in diesem Lager wurde er von den Amerikanern befreit. Er ging nach England, wo er Dorothea Wolff traf und heiratete. Dorothea war nach der Geburt des Sohnes Hausfrau. Ihr Mann arbeitete als Lebensmittel-Technologe und Dozent am Polytechnikum in Lebensmittelkunde und -technologie (jetzt Universität) in Birmingham und dann Leeds. Dorothea starb im August 2007. Ihr Bruder Manfred war in England als Musikdozent und Lehrer für Geschichte und Musik an einem Lehrerausbildungs-Institut in Leeds tätig. Er verstarb schon 1983.

„Wir können vergeben, aber nicht vergessen", beschrieb eine Bekannte die Haltung der Tochter Dorothea. Zu Freiberg wollte sie nie wieder Kontakt aufnehmen. *„Freiberg hat uns verraten"*, soll ihre bittere Bilanz gelautet haben.[58] Richard, Enkel der ums Leben gekommenen Meta und Abraham Wolff, besuchte erstmals Freiberg wieder aus Anlass der Verlegung von Stolpersteinen für seine Großeltern, die aus Freiberg vertriebene Mutter und seinen Onkel am 28. September 2010.

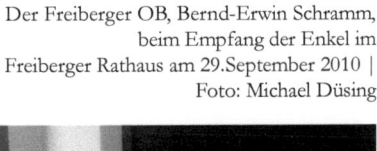

Der Freiberger OB, Bernd-Erwin Schramm, beim Empfang der Enkel im Freiberger Rathaus am 29.September 2010 | Foto: Michael Düsing

Richard Gray und Ehefrau Angie im September 2010 in Freiberg | Foto: Michael Düsing

Dank an die finanziellen Unterstützer (Paten) der Aktion Stolpersteine und der Recherchearbeit der CJD Geschichtswerkstatt Freiberg:

- Veronika Bellmann MdB; Freiberg
- Gudrun & Holger Bellmann; Freiberg
- Brennpunkt e.V.; Brand-Erbisdorf
- Pfr.i.R. Gottfried Breutel; Freiberg
- Gemeinde Eppendorf/Sa.; Bgmst. Helmut Schulze
- Uta Fahney; Friedrichsdorf
- FCM Freiberger Compound Materials GmbH; Freiberg
- Fam. Yves Hoffmann; Dresden
- Manuela Junghans; Freiberg
- Fam. Herbert Kaden; Freiberg
- Annerose und Gottfried Klitzsch, München
- Dr. Erika Krejci; Freiburg i.B.
- Dr. Manuel Lapp; Freiberg
- Dr. Stefan Link; Freiberg
- Fam. Dr. Hans-Dieter Lutz; FG
- Matthias und Marion Lessig; Freiberg OT Kleinwaltersdorf
- Manfred Lohmann; Freiberg
- Burkhardt Pichon; Neu-Ulm
- Jana Pinka, MdL; Freiberg
- Prisma Junior Consulting e. V.; Freiberg
- Dr. Simone Raatz; Freiberg
- Fam. Uwe Richter; Freiberg
- Dr. Hermann Schenk; Dresden
- SPD Ortsverein Freiberg
- SWG Städtische Wohnungsgesellschaft Freiberg/Sa. mbH
- VVN-BDA Kreisverband Freiberg, Marcus Starke
- Michael Trompelt; Werdau
- Steffen Walther; Großschirma
- Helmut Wohlfarter; Bonnievale, ZA (Rep. Südafrika)

Anmerkungen

1 Näheres unter: RÖNNEPER, Joachim (Hg.): Vor meiner Haustür – „Stolpersteine" von Gunter Demnig, Köln 2010; NS-DOKUMENTATIONSZENTRUM KÖLN (Hg.): Stolpersteine. Gunter Demnig und sein Projekt, Köln 2007; Online unter: www.stolpersteine.com

2 FLEISCHER, Gabriele: Steine bringen Namen von Vergessenen zurück. Die ersten Stolpersteine für Naziopfer sind in Freiberg verlegt, Freie Presse Freiberg, 7./8.Juli 2007; JANKOWSKI, Steffen: Stolpersteine für Kopf und Herz. Kleine Messingplatten im Pflaster erinnern an Freiberger Juden, Freie Presse Freiberg, 16.10.2008; PESTER, Franziska: Vergangenheit zum Drüberstolpern. Zehn weitere Gedenksteine zur Erinnerung an die jüdischen Opfer des Nationalsozialismus in Freiberg verlegt, Freie Presse, 29.09.2010

3 Die nachfolgend hervorgehobenen jeweiligen Daten der Opfer entsprechend im Wesentlichen der Gravur auf den verlegten Stolpersteinen

4 Alle biografischen Angaben zu den Opfern (Name, Familienstand, Geburtsdatum und -ort, Wohnadressen, soweit im Stadtarchiv vorhanden auch Sterbedaten) wurden durch Frau Gitta MESSNER und Frau Dr. Ines LORENZ vom Stadtarchiv Freiberg anhand von Einwohnermeldebüchern und standesamtlichen Eintragungen geprüft, wofür der Autor herzlich dankt.

Alle Daten, vor allem aber die Angaben zu Ort und Zeitpunkt der Deportationen, Todesdatum und –ort, wurden vom Autor unter Heranziehung folgender Quellen geprüft: GOTTWALDT, Alfred; SCULLE, Diana: Die „Judendeportationen" aus dem Deutschen Reich 1941 – 1945, Wiesbaden 2005; GEDENKBUCH BERLINS der jüdischen Opfer des Nationalsozialismus, Berlin 1995; BUCH DER ERINNERUNGEN. Juden in Dresden deportiert, ermordet, verschollen. 1933 – 1945, Dresden 2006; GEDENKBUCH – Opfer der Verfolgung der Juden unter der nationalsozialistischen Gewaltherrschaft in Deutschland 1933 – 1945, Bundesarchiv 2007; The CENTRAL DATABASE of Shoah Victims' Names, unter: www.yadvashem.org/; USHMM, United States Holocaust Memorial Museum. International Tracing Inventory Search, unter: www.ushmm.org; LISTE der Juden aus REGENSBURG, die von den Nationalsozialisten in Konzentrationslagern ermordet wurden, Jüdische Gemeinde Regensburg, o.J.

5 Alle Zitate und alle Angaben in diesem Abschnitt entnommen aus: THEVS, Hildegard: Stolpersteine in Hamburg-Hamm. Biografische Spurensuche Hamburg o.J., S. 164ff

6 Erbaute wurde das Haus Hornstraße 1 1885 vom Bauunternehmer Carl Friedrich GÖPFERT; siehe ENGEWALD, Gisela-Ruth: : Die bauliche Entwicklung Freibergs von der Mitte des 19. Jahrhunderts bis 1914, in: HOFMANN, Yves; RICHTER, Uwe (Hg.): DENKMALTOPOGRAPHIE Bundesrepublik Deutschland. Denkmale in Sachsen. Stadt Freiberg,, Band I, Freiberg 2002, S. 156f

7 GOTTWALD, Alfred; SCHULLE, Diana: Die „Judendeportationen" aus dem Deutschen Reich 1941 – 1945,, , hier: Die 20 Transporte aus dem „Großdeutschen Reich" nach Riga zwischen November 1941 und Februar 1942, Wiesbaden 2005, S. 110 - 136

8 ebenda im Abschnitt: Deportationen aus dem „Großdeutschen Reich" nach Auschwitz seit Mai 1942. S. 369 - 442

9 aus einem privaten „Tafel-Lied zur Hochzeitsfeier von Hilde und Willy in Liebe gewidmet von Heinrich und Betty". Hindenburg, Oberschlesien, 1. Januar 1931; an den Autor gesendet von Eli Heymann, Jerusalem, Halbbruder von Wilhelm Heymann; Archiv Düsing

10 dazu David, Anthony: The Patron. A Life of Salman Schocken 1877 – 1959. New York 2003

11 siehe dazu: Düsing, Michael: Das Freiberger Kaufhaus Schocken – eine Spurensuche. Freiberg 2007

12 SCHOCKEN, Gershom: Ich werde seinesgleichen nicht mehr sehen. Erinnerungen an Salman Schocken, in: Marbacher Magazin, Nr. 25/83, S. 26

13 Erinnerungen des Halbbruders Eli Heymann in Briefen von 2007 an den Autor; Archiv Düsing

14 siehe dazu auch: Düsing, Michael: Glück Auf, mein Freiberg! Erinnerungen und Lebensschicksale jüdischer Bürger in den sächsischen Bergstädten Freiberg und Oederan, Freiberg 1995, hier: Eva Grünberg, geb. Lewin: Die Lebenserfahrungen meines Vaters. S. 94 - 115

15 vgl. FUCHS, Konrad: Ein Konzern aus Sachsen. Das Kaufhaus Schocken 1901 – 1953, Stuttgart 1990, S. 194 f

16 ebenda, S. 230; dazu auch Briefwechsel des Autors mit Eva KLIMOWSKI, geb. JACOBSOHN (Israel) 1992/93; Archiv Düsing

17 Stadtarchiv Freiberg, Wachbuch der Polizeihauptwache Obermarkt vom 7.10.1938 – 31.12.1938, X XVIIb 116; siehe auch: DÜSING, Michael (Hrsg.): Jüdisches Leben in der Bergstadt Freiberg – eine Spurensuche. Projektarbeit einer Schülergruppe am Freiberg-Kolleg, Freiberg 1992, S. 69;

18 Kurt GÜNZBURGER war Büroleiter/Personalchef am Freiberger Schocken-Kaufhaus. Zu seinem Schicksal siehe DÜSING, Michael: Sie verloren alles, was ihr Leben ausgemacht hat. Das Kaufhaus an der Petersstraße, Teil 3; Freie Presse Freiberg, 09./10.08.08

19 vgl. dazu DÜSING, Michael: Glück Auf, mein Freiberg!, a.a.O., hier: Rolf WEINBERG: Die „Kristallnacht" hat alles verändert. S. 119 - 126

20 siehe DÜSING, Michael: Das Freiberger Kaufhaus Schocken – eine Spurensuche, a.a.O., S. 43 - 49

21 siehe dazu: WITTMER, Siegfried. Regensburger Juden. Jüdisches Leben von 1519 bis 1990. Regensburg 1996

22 Mitteilung von Gitta MESSNER, Stadtarchiv Freiberg

23 Stadtarchiv Freiberg, X, XVIIb, 116, Tagebuch des Polizeireviers 07.10.1938 – 31.12.1938, Nr.1672, o. S.

24 Postkarte von Margarethe Lifka vom 21.01.1942 an das Polizeiamt Freiberg. Stadtarchiv Freiberg, X a K 1 Bd. 3

25 KLEMPERER, Viktor: Tagebücher 1942. Berlin 1999, S. 9

26 dazu: ENZYKLOPÄDIE DES HOLOCAUST. Die Verfolgung und Ermordung der europäischen Juden. Bd. III, München 1998, S. 1230

27 GOTTWALDT, Alfred; SCHULLE, Diana, a.a.O.; Wiesbaden 2005, S. 111 f

28 Stadtarchiv Freiberg, Wachbuch der Polizeihauptwache Obermarkt, X XVIIb, Eintragung vom 17.02.1936

29 Stadtarchiv Freiberg, Xa, K, 2, Ausländersachen 1935-1945 Vorgang Nr. 7, Bl. 3; I, VII, 8 Jüdische Bürger Freibergs; alle nachfolgenden Zitate und Ausführungen siehe da

30 KL = Kreisleitung

31 E-mail der Gedenkstätte des KZ Dachau an den Autor vom 10.07.2009; weitere Quellen: Bundesarchiv, Gedenkbuch; Thüringisches Hauptstaatsarchiv Weimar, NS 4 Bu Häftlingsnummernkartei

32 GOTTWALD, Alfred, SCHULLE, Diana, a.a.O.; Wiesbaden 2005, hier: Deportationen aus dem „Großdeutschen Reich" nach Litzmannstadt (Lodz) im Oktober und November 1941, S. 52 - 83

33 zitiert nach: POLIAKOV/WULF: Das Dritte Reich und die Juden. Berlin, 1983, S. 140f

34 Staatsarchiv Hamburg Az. 147 Js 31/67. ZSL. II 415 AR-Z 1310/63-E32, Bl.534-549,

35 Die Grabstellen von Franziska und Sally DOBKOWSKY befinden sich noch heute auf dem Neuen Israelitischen Friedhof in Dresden, Fiedlerstraße; Ausführliche Informationen unter: www.juden-in-mittelsachsen.de

36 dazu DÜSING, Michael (Hg.): Glück Auf, mein Freiberg!; Freiberg 1995, hier: Die Tragödie der Familien Dobkowsky und Pinkus, S. 130 – 132; Werner PINKUS und Ester DOBKOWSKY gehörten zu den jüdischen Kindern, die – allein auf sich gestellt – zwischen Dezember 1938 und September 1939 nach England ausreisten. Als Kindertransport (auch Refugee Children Movement) wird international die Ausreise von fast 10.000 Kindern bezeichnet, die als „jüdisch" im Sinne der Nürnberger Gesetze galten. Auf diesem Wege gelangten vor allem Kinder aus Deutschland, Österreich, Polen und der Tschechoslowakei ins Exil. In Zügen und mit Schiffen konnten die Kinder ausreisen, wobei die meisten ihre Eltern nie wieder sahen, oftmals waren sie die einzigen aus ihren Familien, die den Holocaust überlebten. Die einzige Bedingung der britischen Behörden war eine Garantiesumme von fünfzig englischen Pfund für das Visum. In England wurden die Kinder in Schullandheimen, Pensionen oder Pflegefamilien untergebracht. „Aus Kindern wurden Briefe", lautete eine gängige Redewendung unter

den verbliebenen deutschen Juden im NS-Regime. Und die Briefträger wurden zu Schicksalsboten. Ständig schwankten die Eltern zwischen Hoffnung und Zweifeln, nicht wissend, ob sie ihre Kinder je wieder sehen würden. Siehe dazu auch: HARRIS, Mark Jonathan; OPPENHEIMER, Deborah; HOFER, Jerry, 2000

37 Aus einem Brief von Werner PINKUS an den Autor im Juli 1993; Archiv DÜSING

38 siehe die Lebensgeschichte von Lutz ROSENTHAL in: DÜSING, Michael (Hg.), 1995, S. 35- 93

39 Die Gravur auf den im Juli 2007 verlegten Stolpersteinen für Max und Grete PINKUS in der Poststraße 16 entspricht daher nicht mehr den neuesten Rechercheergebnissen. Eine Korrektur wird vorbereitet.

40 dazu: GOLAN, Ester: Auf Wiedersehen in unserem Land; Düsseldorf 1995

41 Aus einem Brief von Werner (Willy) PINKUS an den Autor im April 1992; Archiv DÜSING

42 Page of Testimony, eingereicht 1985 von Tochter Marianne; Central Database of Shoa Victims' Names. Gedenkstätte Yad Vashem, Jerusalem, Israel

43 siehe DÜSING, Michael (Hg.): Glück Auf, mein Freiberg, a.a.O.; 1995, hier: Die Tragödie der Familien Dobkowsky und Pinkus, S. 130 - 132

44 Bewegende Erinnerungen an Freiberg. Ausstellung des CJD „Jüdische Familien in Freiberg – Dokumentation und Erinnerung" in Ness Ziona. Amtsblatt der Stadt Freiberg, 23.11.2005

45 E-Mail von Aviva LYNTON vom 31.07.2007 an den Autor; Archiv DÜSING

46 siehe MÖLLER, Marlies, Bauten des Jugendstils und des Heimatstils in Freiberg; in: HOFFMANN, Yves; RICHTER, Uwe: DENKMALTOPOGRAPHIE Bundesrepublik Deutschland. Denkmale in Sachsen. Stadt Freiberg, Beiträge, Band I, 2002, S. 172f

47 lt. Todeserklärung für Ida DUX v. Prag 1949 hat Else FENDLER, geb. DUX, in London überlebt. Todeserklärung v. 17.04.1949 (Bezirksgericht f. Zivilsachen in Prag I, Abt. XLVIII) zuletzt in Prag VII, U Smaltovny Nr. 1375,
„als Folge der rassischen Verfolgung seit dem 15.Sept. 1942 vermisst, seitdem sie aus Theresienstadt nach Treblinka deportiert wurde", Stadtarchiv Freiberg, Akte Grundstücksangelegenheiten Silberhofstraße 24, Eigentümerin Ida verw. Dux (1951-53), RdS, 1706

48 Todeserklärung v. 17.04.1949, ausgestellt auf Antrag von Else und Leo DUX vom Bezirksgericht f. Zivilsachen in Prag I, Abt. XLVIII; Stadtarchiv Freiberg, ebenda

49 Die Umstände des Lebens von Paula BRÜCK, geb. TAUBENSCHLAG, in Breslau konnten anhand einer eidesstattlichen Versicherung von Frederick BLACK, London, (als Fritz SCHWARZ ein einstiger enger Freund der Familie BRÜCK) und eines nach dem Krieg von Sohn Herbert verfassten Lebenslaufs der Paula BRÜCK rekonstruiert werden. Beide Dokumente erhielt der Autor in Abschrift im September 2010 von Steven BRUCK, London.

50 e-mail von Steven BRUCK an den Autor am 29.08.2010; siehe auch Gedenkblatt in Central Database of Shoa Victim´s Names, eingereicht von Sohn Günther BRUCK am 25.05.2000

51 e-mail von Steven BRUCK an den Autor am 29.08.2010

52 Stadtarchiv Freiberg, I, II, 2, Bd 13, Vorgang 29, S. 2b lt. Polizeimeldeamt Freiberg

53 KIRCHBACH, Sieger von: Quatember 1971. Arndt von Kirchbach im sächsischen Kirchenkampf 1971, Online unter: http://www.quatember.de/J1971/q71077.htm

54 Der Autor dankt Christa LÖHR in Freiberg, ehemalige Schulkameradin von Dorothea WOLFF, für die Informationen; Archiv DÜSING

55 Stadtarchiv Freiberg, Urkunde Amtsgericht FG v. 16.03.39

56 Angaben nach Mitteilung des Thüringischen Hauptstaatsarchivs Weimar in einer e-mail vom 06.11.2010 an Christine SCHMIDT, Geschichtswerkstatt Freiberg

57 e-mail v. Richard GRAY an den Autor, 09.05.2010

58 Information von Elfriede BÖRNER, Chemnitz